Ensino fundamental:
caminhos para uma
formação integral

EDITORA
intersaberes

SÉRIE PESQUISA E PRÁTICA PROFISSIONAL EM PEDAGOGIA

Ensino fundamental: caminhos para uma formação integral

Ana Cristina Ribeiro Couto

EDITORA intersaberes

Av. Vicente Machado, 317
14º andar – Centro
80420-010 – Curitiba – PR – Brasil
Fone: (41) 2103-7306
www.editoraintersaberes.com.br
editora@editoraintersaberes.com.br

Editor-chefe
Lindsay Azambuja

Editor-assistente
Ariadne Nunes Wenger

Editor de arte
Raphael Bernadelli

Análise de informação
Adriane Beirauti

Revisão de texto
Filippo Mandarino

Capa
Denis Kaio Tanaami

Projeto gráfico e diagramação
Katiane Cabral

Ilustração da capa
Znort! Ilustradores

Dados Internacionais de Catalogação na Publicação (CIP)
(Câmara Brasileira do Livro, SP, Brasil)

Couto, Ana Cristina Ribeiro
Ensino fundamental: caminhos para uma formação integral / Ana Cristina Ribeiro Couto. – 1. ed. – Curitiba: InterSaberes, 2012. – (Série Pesquisa e Prática Profissional em Pedagogia).

Bibliografia.
ISBN 978-85-8212-209-9

1. Educação – Brasil 2. Ensino fundamental 3. Prática de ensino 4. Professores – Formação profissional I. Título II. Série.

12-08517 CDD-370.7122

Índices para catálogo sistemático:
1. Ensino fundamental e suas práticas educativas: Educação 370.7122

1ª edição, 2012.

Sumário

Ao meu amor, Afonso,

com quem compartilho ideias, ideais... a vida!

"Ah, se houvesse uns passos, ainda que fossem solitários
Se houvesse alguém andando sozinho... e bastava!
São os passos – são os passos que fazem os caminhos."
(Quintana, 2005)

"Nel mezzo del cammin di nostra vita
Mi ritrovai per uma selva oscura
Chè la diritta via era smarrita.
Ahi quanto a dir qual era è cosa dura
Questa selva selvaggia ed aspra e forte,
Che nel pensier rinnova la paura!
Tanto è amara, que poco è più morte:
Ma per trattar del bem ch'i'vi trovai,
Dirò dell'altre cose, ch'io v'ho scorte."
(Dante Alighieri, 13--)*

* No meio do caminho de nossa vida/ Encontrei-me em uma selva escura/ Que a via correta havia sido perdida/ Dizer que lugar era este é penoso/ Esta selva selvagem, áspera e dura,/ Que só de pensar renova-se em mim o medo/ Quase tão amargo quanto a própria morte./ Mas, para tratar do bem que lá encontrei,/ Falarei de outras coisas que por lá eu vi. (Dante Alighieri, tradução nossa)

Apresentação

A escolha dessas epígrafes é um convite a todos nós, educadores, a buscarmos sempre uma direção, mesmo nos caminhos mais difíceis, quando tudo nos parece mais do que perdido, escuro e sem salvação. Um convite para construirmos, juntos, nosso caminho!

Nesse caminhar, propomo-nos com este livro refletir sobre o ensino fundamental e suas práticas educativas. Faremos um breve mapeamento da historicidade da educação no Brasil, enfocando preferencialmente o ensino fundamental e seus desdobramentos, no que tange aos aspectos relacionados à escola, ao currículo, à profissão docente e à qualidade da educação. Qualidade sobre a qual nós educadores falamos constantemente e que procuramos no nosso dia a dia. Efetivamente, contudo, ainda buscamos uma direção.

Minha intenção foi escrever um livro que trouxesse a educação como eixo principal, porque entendo que ela permeia todas as nossas ações e inserções nos diversos "espaços/tempos" no mundo. Pensei em um livro com o qual pudéssemos, nós, educadores, dialogar e pensar com a educação e não apenas sobre a educação. Não com o "olhar de cima", distanciado do cotidiano, mas num diálogo aberto e reflexivo entre nós e a educação.

O texto foi todo escrito na primeira pessoa do plural, porque acredito que o conhecimento é (com)partilhado, dividido e consequentemente somado, contrariando a lógica matemática. Foi escrito a partir da minha vivência, das minhas inquietudes e das minhas preocupações como professora do ensino fundamental que está no chão da escola vivenciando as tensões, as paixões e as contradições que esse universo propicia. Tenho sempre como meta, na minha atuação como educadora, ter claro quais são os meus objetivos ao desenvolver um trabalho, quais são as minhas reais intenções. Elas estão bem definidas? Meus objetivos estão claros? Aonde eu quero chegar com minha prática na sala de aula? Não é uma tarefa fácil, e para isso mantenho-me em constante processo de aprendizagem e estudo formal. Trago, então, também, minha experiência acadêmica, a partir da qual procuro dialogar com os principais teóricos da educação, entendendo que prática e teoria se entrelaçam na *práxis*.

Este livro foi dividido, didaticamente, em três capítulos, que, porém, articulam-se entre si. O primeiro refere-se ao contexto histórico da educação no país – traçamos, em linhas gerais, o cenário no qual a educação brasileira enfrentou os desafios, os retrocessos e os avanços que contribuíram para a configuração que ela tem atualmente. O segundo capítulo apresenta o ensino fundamental, com os seus desdobramentos no que tange à discussão da *identidade* – conceito polêmico do campo educacional – ao currículo escolar e à escola. Qual escola queremos para qual currículo, ou qual currículo queremos para qual escola? Por fim, o terceiro capítulo discute o papel do educador, inserido nesse contexto contraditório e de constantes transformações, a sua formação e a sua prática.

As questões elaboradas ao final de cada capítulo têm como objetivo avaliar o quanto conseguimos refletir sobre os assuntos apresentados. Foram organizadas numa perspectiva formativa, entendendo que esse processo avaliativo é qualitativo, de forma que nos propicie a pensar, a construir nosso conhecimento. Para tal, é preciso debruçar-nos numa leitura cuidadosa e reflexiva.

Selecionamos alguns *sites* e obras cinematográficas, sugeridos ao final de cada capítulo, instrumentos que podem ser valiosos no complemento dos assuntos expostos. No final do livro trazemos uma bibliografia comentada, leituras complementares que podem ser o início da formação de um bom acervo cultural sobre educação. São livros de diferentes autores que contribuíram ou ainda contribuem com reflexões importantes sobre os assuntos que apresentamos na obra.

Os *sites* elencados (no final de cada capítulo e nas referências) são de nossa confiança e são bastante úteis para aumentarmos o acervo de consulta. O mundo virtual traz uma nova fonte de informação e uma nova forma de interação que não pode ser desprezada no contexto educacional contemporâneo. No entanto, é necessário ter uma postura crítica quanto ao seu conteúdo, pois, como sabemos, nem tudo que está colocado no mundo virtual tem informações fidedignas.

Os diversos filmes sugeridos trazem como tema central a educação e/ou o processo educativo de maneira geral, porque acreditamos que a educação não acontece só na instituição escolar. Esses filmes ajudam a refletir sobre diversos conceitos e pré-conceitos que temos diante da vida, da escola/educação e da sociedade de um modo geral.

Cabe-nos a ressalva que nossa referência bibliográfica (textos citados no corpo deste trabalho) compreende também os livros indicados a fazer parte do acervo da biblioteca que será formada pelo educador, nossos leitores e leitoras. São leituras acadêmicas que ajudam a compreender o contexto e a pensar nossa prática (O que fizemos bem feito? O que podemos melhorar?), trazendo elementos teóricos que nos legitimam como educadores.

O meu desejo é que este livro contribua para inquietar e despertar o interesse pelo estudo e o desejo pelo conhecimento, atributos indispensáveis ao ofício do professor. Um conhecimento que alie uma formação integral – atenta ao mundo e às suas diversas manifestações culturais, sociais e políticas – a um sólido conteúdo teórico que respalde a reflexão sobre as práticas educativas. Um conhecimento vivo, em constante transformação, que requer um professor que, como diria Freire (1996, p. 32), se reconheça como um pesquisador, afinal:

> Ensino porque busco, porque indaguei, porque indago e me indago. Pesquiso para constatar, constatando intervenho, intervindo educo e me educo. Pesquiso para conhecer o que ainda não conheço e comunicar ou anunciar a novidade.

Organização didático-pedagógica

Esta seção tem a finalidade de apresentar os recursos de aprendizagem utilizados no decorrer da obra, de modo a evidenciar os aspectos didático-pedagógicos que nortearam o planejamento do material e como o aluno/leitor pode tirar o melhor proveito dos conteúdos para seu aprendizado.

Introdução do capítulo

Logo na abertura do capítulo, você é informado a respeito dos conteúdos que nele serão abordados, bem como dos objetivos que o autor pretende alcançar.

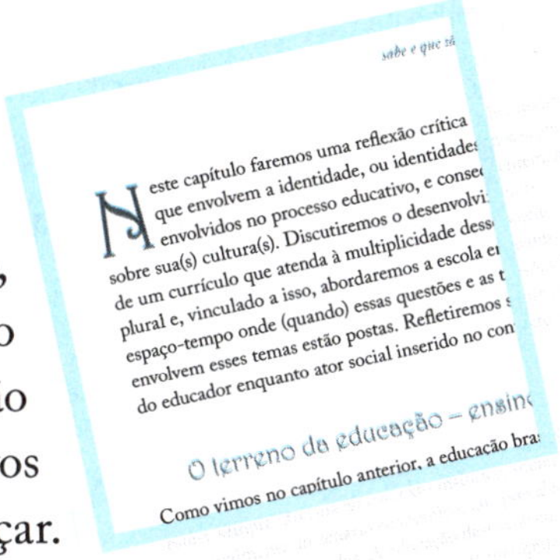
Neste capítulo faremos uma reflexão crítica que envolvem a identidade, ou identidades envolvidos no processo educativo, e conse sobre sua(s) cultura(s). Discutiremos o desenvolvi de um currículo que atenda à multiplicidade dess plural e, vinculado a isso, abordaremos a escola e espaço-tempo onde (quando) essas questões e as t envolvem esses temas estão postas. Refletiremos s do educador enquanto ator social inserido no con

O terreno da educação – ensin

Como vimos no capítulo anterior, a educação bra

Síntese

Você conta nesta seção com um recurso que o instiga a fazer uma reflexão sobre os conteúdos estudados, de modo a contribuir para que as conclusões a que você chegou sejam reafirmadas ou redefinidas.

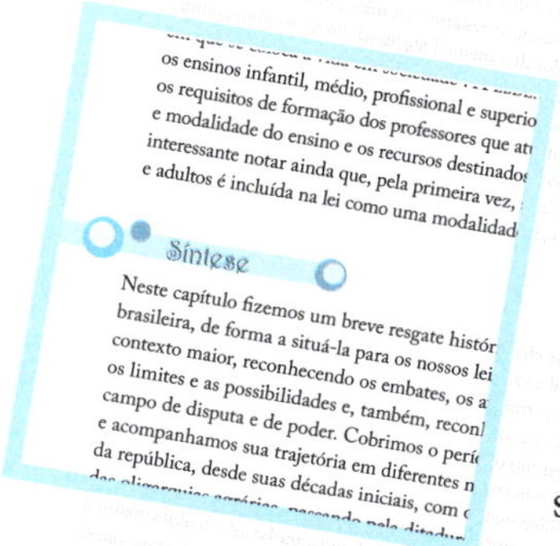
os ensinos infantil, médio, profissional e superio os requisitos de formação dos professores que at e modalidade do ensino e os recursos destinados interessante notar ainda que, pela primeira vez, e adultos é incluída na lei como uma modalidad

Síntese

Neste capítulo fizemos um breve resgate histór brasileira, de forma a situá-la para os nossos lei contexto maior, reconhecendo os embates, os a os limites e as possibilidades e, também, recon campo de disputa e de poder. Cobrimos o perí e acompanhamos sua trajetória em diferentes n da república, desde suas décadas iniciais, com

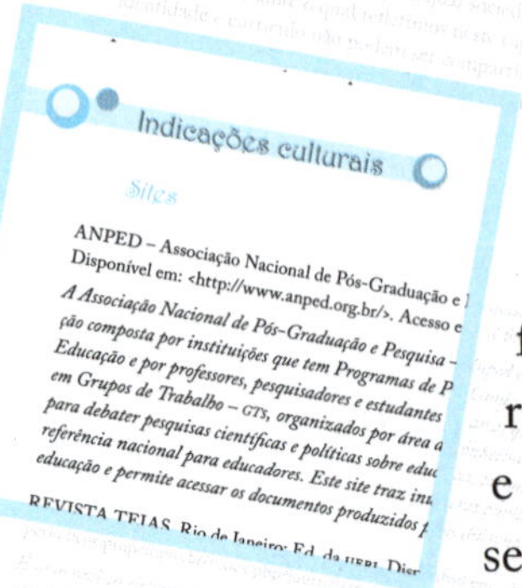

Indicações culturais

Ao final do capítulo, o autor lhe oferece algumas indicações de livros, filmes ou *sites* que podem ajudá-lo a refletir sobre os conteúdos estudados e permitir o aprofundamento em seu processo de aprendizagem.

Atividades de autoavaliação

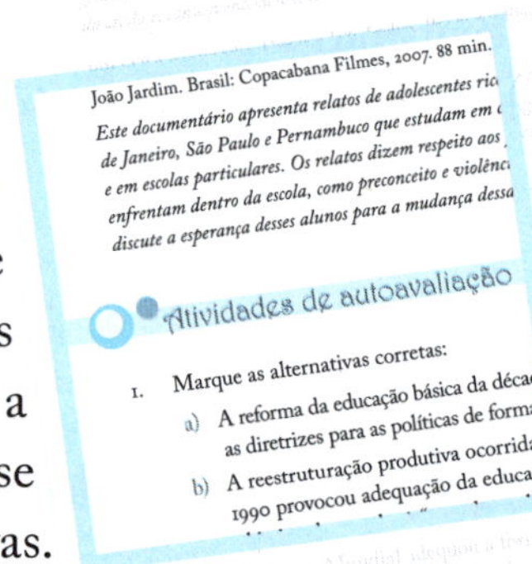

Com estas questões objetivas, você mesmo tem a oportunidade de verificar o grau de assimilação dos conceitos examinados, motivando-se a progredir em seus estudos e a preparar-se para outras atividades avaliativas.

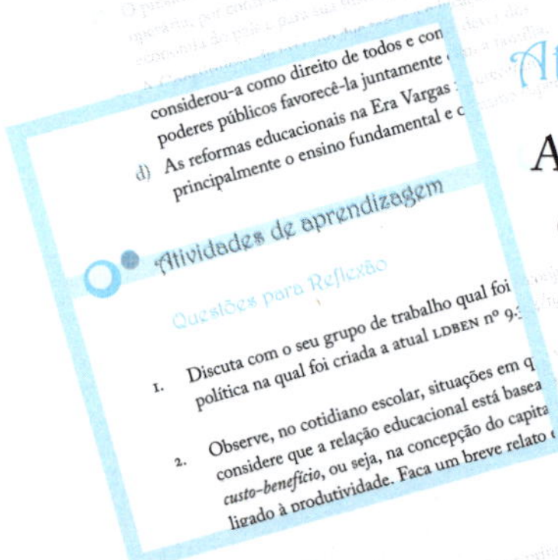

Atividades de aprendizagem

Aqui você dispõe de questões cujo objetivo é levá-lo a analisar criticamente um determinado assunto e integrar conhecimentos teóricos e práticos.

Bibliografia comentada

Nesta seção, você encontra comentários acerca de algumas obras de referência para o estudo dos temas examinados.

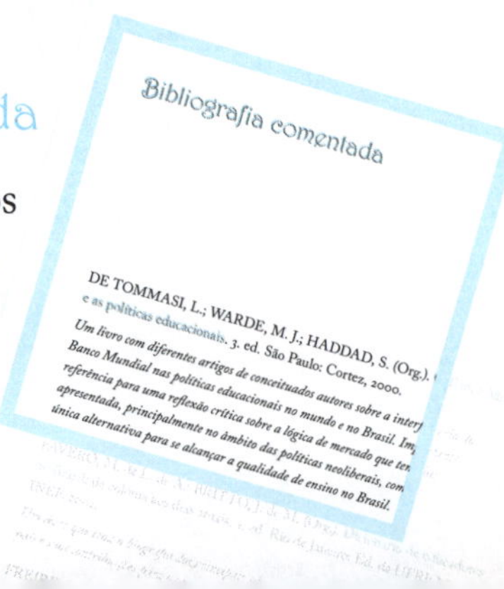

Introdução

A educação é uma prática social. Prática que se realiza, portanto, na interação e integração com o outro e com o meio. É, ainda, um processo formativo que se desenvolve nos diversos espaços e tempos nos quais essa interação se manifesta. Nesse contexto, o ensino fundamental, que se inicia com a alfabetização e transcorre até o início do ensino médio, ao longo de nove anos de acordo com a atual legislação, é o período de formação básica do indivíduo, que acontece na escola. É a escola o local onde nossos meninos e meninas vivenciam a educação como prática social de forma mais efetiva. Ela é o lócus básico legitimado pela sociedade no qual os diversos aspectos de um sistema educativo se manifestam.

Não há quem negue a importância da educação na formação do indivíduo e, portanto, na formação de uma sociedade e de um país. Seria de se esperar, então, que a educação, ou mais especificamente a definição de um sistema educacional, estivesse entre as prioridades de qualquer sociedade organizada. Será verdade? A realidade brasileira parece contradizer essa expectativa. Presenciamos o sucateamento das escolas públicas, onde impera a falta de infraestrutura e de recursos mínimos, situação piorada cada vez mais com a progressiva migração da classe média para o sistema particular de ensino, resultando em menores pressões da sociedade para investimentos na rede pública. O salário dos professores é aviltante, principalmente para os de ensino fundamental, o qual, historicamente, tem sido relegado a segundo plano por sucessivos governos. As políticas socioeconômicas das últimas décadas têm colocado a educação sob uma perspectiva de mercado, voltada à formação de profissionais e ao desenvolvimento econômico, desvalorizando seu papel na formação integral do cidadão. Em que pesem as sucessivas legislações ao longo de nossa história, definindo as diretrizes e bases da educação, alguns educadores chegam a afirmar que nunca tivemos realmente um verdadeiro sistema de educação em nosso país.

Nesse contexto, no qual se contrapõem as expectativas em relação à educação e a realidade na qual estamos inseridos, o que podemos esperar como professores? Como podemos lidar com essa realidade?

Creio que a minha profissão, nossa profissão, é um ato político não partidário – não vinculado a nenhum partido político – e por isso tenho responsabilidade com a formação humana dos meus alunos, meninos e meninas, jovens e adultos deste tempo. Reconheço que a educação é uma prática social disputada pelos diversos grupos políticos, hegemônicos e contra-hegemônicos, por sua importância não só no que diz respeito aos aspectos sociais, mas principalmente no que tange aos aspectos econômicos. No momento histórico em que vivemos, sob a égide neoliberal, a educação, mesmo no ensino fundamental, tornou-se mercadoria (e o educando "capital-humano"), perdendo o seu principal objetivo, que seria a formação integral de indivíduos inseridos em uma sociedade. A alternativa é pensarmos a educação (e com a educação) dentro de uma visão emancipadora do sujeito, tanto o educando como o educador. É pensarmos o professor como agente transformador da realidade.

A partir dessa alternativa, alguns questionamentos fazem-se necessários: Como desenvolver a nossa prática (ou *práxis*) cotidiana? Como ensinar? Que conteúdo ensinar? Ou melhor, por que e para que um determinado currículo? Quem são nossos alunos? Que identidade eles trazem? A que grupo social pertencem? Esses serão os primeiros fios com os quais começaremos a tecer a nossa rede de conhecimento, percebendo que eles se entrelaçam e se articulam entre si, formando assim uma grande trama. Uma rede na qual a linearidade, a hierarquização e a ordenação dão lugar a uma visão integrada e interativa, em que *currículo*, *identidade*, *escola*, *historicidade* e *formação de professores* são colocados lado a lado.

1

A trajetória histórica da educação brasileira

"A história é um profeta com o olhar voltado para trás: pelo que foi e contra o que foi, anuncia o que será."
(Galeano, 1971)

A história da educação brasileira não pode ser analisada separadamente da história do Brasil, no que tange a seus aspectos políticos, sociais e econômicos, uma vez que a educação é uma prática social que contribui para a formação e atividade humana. Embora não seja o nosso objetivo central entrar em detalhes sobre a história do Brasil, ou mesmo traçar uma "linha do tempo" como se esta fosse linear e cada momento histórico se fechasse em si mesmo, acreditamos que esse resgate coloca-nos em uma posição mais confortável para o entendimento da educação, nosso campo de atuação. Segundo Silva (1999, p. 25), a educação é uma arena na qual "conflitos ideológicos são produzidos. Ela é um dos principais sítios nos quais diferentes grupos, com distintas visões políticas, econômicas e culturais tentam definir quais deverão ser os meios e os fins legítimos de uma sociedade". Abordaremos, então, o desenvolvimento histórico da educação no Brasil para que possamos entender os avanços e retrocessos que a influenciaram. Iniciaremos com o período pré-republicano e chegaremos até os dias atuais com a nova Lei de Diretrizes e Bases da Educação Nacional – LDBEN nº 9.394/1996 e as mudanças que ocorreram na atual organização da educação básica, mais especificamente no ensino fundamental.

O Período Pré-republicano

Nosso resgate histórico da educação brasileira se iniciará na época do Período Jesuítico (1549-1759), quando a educação jesuíta se instalou no Brasil, rejeitando a educação indígena e impondo e propagando a educação europeia, que perdura desde então. A educação nesse período preocupava-se principalmente com o proselitismo e o noviciado, representando de qualquer forma a primeira iniciativa de organização do ensino no Brasil, com a criação de escolas elementares e secundárias, além de seminários e missões (Aranha, 1996).

O período seguinte, chamado de *Período Pombalino* (1760-1808), tem como marca a expulsão dos jesuítas que não atendiam mais aos anseios do Estado. Nessa época, Portugal estava em decadência diante de outras potências europeias, e as políticas implementadas pelo Marquês de Pombal, na corte e nas colônias, visavam à modernização do estado português. A educação, assim como as demais políticas de estado, precisava atender às necessidades do Estado e não mais à igreja. No entanto, o que se presenciou no Brasil foi, em grande parte, a desestruturação do ensino.

Com o afastamento de Pombal, Portugal reconheceu que a educação no Brasil estava paralisada. Estabeleceu então o subsídio literário para a conservação dos ensinos primários e médios, que era um imposto que se aferia sobre as vendas de vinho, vinagre, carne verde e aguardente. Todavia, esse imposto não tinha uma regularidade na sua cobrança e os professores permaneciam longos períodos sem receber salários. Cabe lembrar, também, que eles não tinham qualquer preparação específica para função que exerciam, eram mal remunerados e nomeados por indicação e/ou concordância dos bispos, tornando-se vitalícios a cargo de suas aulas régias.

Com a vinda da Família Real para o Brasil, em 1808, era preciso atender às novas demandas da corte que se instalou na colônia. O Brasil passou então por modificações consideráveis, que resultaram no estabelecimento da imprensa, além da criação do Jardim Botânico, da Biblioteca Nacional e do Museu Real, das Escolas de Medicina e de Direito e das Academias Militares, representando a implantação da "cultura" no Brasil na sua forma erudita, europeia. Com a criação da Imprensa Régia e o surgimento da Gazeta do Rio de Janeiro, da Idade de Ouro no Brasil, na Bahia, e do Correio Braziliense, que era impresso em Londres e que se contrapunha às políticas de D. João VI (Aranha, 1996), foi favorecida a divulgação de informações e a discussão de questões políticas entre a (pequena) população letrada, até então proibidas.

Com a Independência do Brasil, em 1822, termina o fim do domínio de Portugal sobre o país, que deixa de ser colônia e, consequentemente, ganha maior autonomia política. Já no ano de 1824, a primeira Constituição brasileira, em seu art. 179, inciso XXXII, que apresenta os direitos civis e políticos de cada cidadão, determinava que "a instrução pública é gratuita a todos os cidadãos". Dez anos depois, o Ato Adicional à Constituição determinou que as províncias fossem responsáveis pelo ensino primário e secundário. Surgiram, já na década de 1830, as primeiras escolas normais para formação de professores. Data dessa década, ainda, a criação do Colégio Pedro II, no Rio de Janeiro, voltado para a elite. Apesar dessas iniciativas, até a Proclamação da República, em 1889, muito pouco foi efetivado para que se criasse um verdadeiro sistema educacional brasileiro.

A Primeira República

A Primeira República, que vigorou no período de 1889 a 1930, conhecida também como *República Velha*, adotou o modelo americano baseado no sistema presidencialista e, no plano econômico, representou a dominância da elite oligárquica agrária. O Decreto nº 981, datado de 1890, que aprovou o Regulamento da Instrução Primária e Secundária do Distrito Federal, assinada pelo então Generalíssimo Manoel Deodoro da Fonseca, Chefe do Governo Provisório da República dos Estados Unidos do Brasil e pelo General de brigada Benjamin Constant Botelho de Magalhães, Ministro e Secretario de Estado dos Negócios da Instrução Pública, Correios e Telégrafos, estabeleceu como princípios norteadores a liberdade e laicidade do ensino, assim como a gratuidade da escola primária. As diretrizes desse decreto, conhecido como *reforma Benjamin Constant*, estavam em consonância com os princípios da primeira Constituição brasileira. De acordo com Bello (2001),

> Uma das intenções desta Reforma era transformar o ensino em formador de alunos para os cursos superiores e não apenas preparador. Outra intenção era substituir a predominância literária pela científica. Esta Reforma foi bastante criticada: pelos positivistas, já que não respeitava os princípios pedagógicos de Comte; pelos que defendiam a predominância literária, já que o que ocorreu foi o acréscimo de matérias científicas às tradicionais, tornando o ensino enciclopédico.

Durante a República Velha, diversos decretos governamentais foram regulamentando a educação no Brasil, como a Reforma Epitácio Pessoa, de 1901, a Reforma Rivadávia Correa, de 1911, a Reforma Carlos Maximiliano, de 1915, e a Reforma de João Luiz Alves (chamada de Lei Rocha Vaz), de 1925 (Frauches; Fagundes, 2003; Bello, 2001; Aranha, 1996; Romanelli, 2009). São desse período as primeiras tentativas de regulamentação e fiscalização pelo estado da educação primária, secundária e superior, e a criação das primeiras universidades no país. O ensino é voltado principalmente para atender aos interesses e anseios da classe dominante, representada pela elite agrária, embora surjam conflitos com os interesses de uma burguesia emergente. O sistema escolar recebe a influência principalmente da filosofia positivista, que valorizava a razão, o cientificismo e o determinismo (social, histórico, biológico), em detrimento de uma visão humanista. Somente ao final desse período, na década de 1920, educadores de pensamento liberal-democrático, da chamada *escola nova*, reivindicam a quebra da estrutura oligárquica no ensino, com a ampliação da educação como direito de toda a população: "a escola pública para todos, a fim de se alcançar uma sociedade igualitária e sem privilégios" (Aranha, 1996). Com todos os avanços e retrocessos desse período, ao final da República Velha o analfabetismo no Brasil atingia índices de 80%.

Como falamos anteriormente, a história da educação não deve ser analisada separadamente do contexto sócio-político-econômico-cultural do país. A década de 1920 foi marcada por diversos acontecimentos que influenciaram significativamente a sociedade brasileira. No campo cultural, a Semana de Arte Moderna de 1922 e o movimento modernista em geral revolucionaram ao manifestarem-se criticamente contra a invasão da cultura estrangeira que descaracterizava o país. No campo político, presenciamos a Revolta do Forte de Copacabana, a fundação do Partido Comunista e a marcha da Coluna Prestes, entre 1924 a 1927, esta com o objetivo de percorrer o país procurando apoio popular para novas revoltas contra o governo. Conflitos econômicos atingiram seu auge com a crise econômica mundial de 1929, gerada pela quebra da Bolsa de Nova Iorque, seguida de inúmeras falências, desemprego e de uma grande retração do mercado mundial, com reflexos no Brasil. Essa crise também refletiu diretamente sobre as áreas rurais, que perderam do governo brasileiro recursos que garantiam a produção. Ao final da década, a Revolução de 1930 traz uma mudança na estrutura política brasileira e, no campo econômico, representa a entrada do país no universo capitalista.

A Era Vargas e o Estado Novo

A vitória do movimento de 1930 iniciou uma nova fase na história do Brasil, marcada pela liderança política de Getúlio Vargas. Este período ficou conhecido como a *Era de Vargas* ou *Período Getulista,* que perdurou até 1945. Caracterizou-se também por intensas transformações na sociedade e, em especial, na educação.

Getúlio Vargas presidiu o Brasil durante quinze anos consecutivos, de 1930 a 1945. No entanto, podemos dividir esse período em três fases. A primeira fase – o chamado *Governo Provisório*, de 1930 a 1934 – foi marcada pela afirmação do poder de Vargas frente ao movimento constitucionalista e, em 1934, pela reformulação da constituição, que datava de 1891. A segunda fase, de 1934 a 1937, apesar dos anseios pela volta à normalidade constitucional, foi caracterizada cada vez mais pela posição centralizadora de Vargas. Foi o período de ascensão de dois movimentos políticos: por um lado, a Ação Integralista Brasileira (AIB), de posições fascistas e nacionalistas (também racistas e xenófobas), que visava à intervenção máxima do governo no setor econômico e a perseguição aos movimentos comunistas, e, por outro, a Aliança Nacional Libertadora (ANL), com propostas de reforma agrária, da revolução por meio da luta de classes e de luta contra o imperialismo. A terceira fase – o Estado Novo –, de 1937 a 1945, instituiu a ditadura de Vargas, o fortalecimento do Estado e a intervenção na economia (Vicentino; Dorigo, 2001; Cotrim, 2002).

A Revolução de 1930, que marcou o fim da Primeira República, pôs fim à hegemonia da oligarquia do café e marcou a entrada do Brasil no sistema capitalista internacional. Nesse período, acelerou-se o processo de urbanização e de participação da classe burguesa no cenário político. A industrialização criou a demanda por mão de obra qualificada e, para tal, foi preciso investir em educação. Com uma política de governo direcionada aos trabalhadores, Vargas buscou apoio da classe operária, fundamental para a economia do país e para sua sustentação política. Nesse momento, delineava-se um fenômeno típico da América Latina, o populismo, característica marcante do governo Vargas, que tinha uma dupla função (Cotrim, 2002) ou, segundo Aranha (1996, p. 195), apresentava uma inerente ambiguidade, pois "se por um lado reconhece os anseios populares e reage sensivelmente às pressões, por outro lado desenvolve uma 'política de massa' procurando manipular e dirigir essas aspirações".

Nesse período, foi criado o Ministério da Educação e Saúde Pública, não constituindo, segundo Romanelli (2009, p. 131), "propriamente uma novidade, visto que no início da Primeira República um Ministério com a mesma nomenclatura havia existido. Naturalmente, não com todo o respaldo político agora embutido, e, por curto espaço de tempo". Em 1931, o governo provisório aprovou decretos com o objetivo de organizar o ensino secundário e as universidades brasileiras. O conjunto desses decretos ficou conhecido como a *Reforma Francisco Campos**. Pela primeira vez no país estabeleceu-se um sistema educacional, iniciando-se assim uma ação objetiva do Estado no cenário educacional. O ensino secundário foi dividido em dois ciclos, correspondendo a cinco anos para o fundamental e dois anos para o ensino complementar, obrigatório para a admissão ao ensino superior. Por outro lado, a Reforma Francisco Campos tinha um caráter centralizador e monolítico, ao objetivar, segundo Medeiros (1978, p. 12), "a montagem de um Estado nacional, antiliberal, autoritário e moderno. Ele pretendia substituir e reconstruir, do alto, as instituições políticas e burocráticas, modernizando-as".

É desse período um importante marco na luta por uma educação universalizada, para todos e de qualidade. Em 1932, um grupo de educadores apresentava ao país o Manifesto dos Pioneiros da Educação Nova, com o título "A reconstrução educacional no Brasil: ao povo e ao governo", redigido por Fernando de Azevedo** e assinado por outros 26 conceituados educadores*** da época. Esse

* Para conhecer melhor sobre o conjunto desses decretos, consulte Saviani (2008).

** "Fernando de Azevedo foi um importante educador brasileiro. Formou-se em Direito e Magistério, foi professor de Latim e Psicologia no Ginásio do Estado em Belo Horizonte, onde também foi nomeado bibliotecário. Dedicou-se ainda à crítica literária e integrou o Movimento Reformador na década de 20. Dirigiu a Instrução Pública no Distrito Federal, entre 1927 e 1930, na qual promoveu uma larga reforma educacional na Capital da República. Liderou o Manifesto dos Pioneiros, de 1932" (Piletti, 1999, p. 182).

*** Entre os intelectuais estavam: Anísio Teixeira, Afrânio Peixoto, Lourenço Filho, Roquette Pinto, Delgado de Carvalho, Hermes Lima, Cecília Meireles, Sampaio Dória, Ferreira Pessoa, Júlio Cesar F. Filho, Briquet, Mario Casasanta, Almeida Junior, J.P Fontenelle, Lopes de Barros, Noemy M. Rudolfer, Attílio Vivacqua, Francisco Filho, Paulo Maranhão, Edgar Mendonça, Armanda Álvaro Alberto, Garcia Rezende, Nóbrega da Cunha, Raul Gomes e Paschoal Lemme.

manifesto tinha como principal objetivo a defesa de uma educação pública, gratuita, mista e laica, colocando como obrigação do Estado o que até então era responsabilidade da família, para ser disseminada em âmbito nacional, sem discriminação social, opondo-se ao sistema dual de ensino que se destinava para ricos e para pobres. Romanelli (2009, p. 146, grifo nosso) apresenta o cenário da época na qual o manifesto foi elaborado, colocando que:

> O momento histórico pedia, pois, que a educação se convertesse, de uma vez por todas, num **direito**, porque, na verdade, ela é um direito biológico do ser humano e, como tal, deve concretizar-se e, para tanto, deve estar acima de interesses de classe. Enfim, ela deve vincular-se efetivamente ao meio social, saindo a escola do seu secular isolamento. O Manifesto apresenta a novidade de vislumbrar a educação como um problema social. [...] o Manifesto fundamentou as reivindicações de mudança, que suscitou em prol da educação escolar brasileira.

Para Aranha (1996, p. 198), ainda, "esse manifesto foi muito importante na história da pedagogia brasileira porque representa a tomada de consciência da defasagem entre a educação e as exigências do desenvolvimento".

O que podemos perceber é que o sistema educacional durante a Primeira República se destinava principalmente a uma pequena classe social privilegiada, em detrimento a uma grande parcela da população brasileira, que "servia" apenas para trabalhar. A escola, nesse período, atendia e contribuía para a formação da classe dominante, intelectualizada. Nesse contexto, o Manifesto dos Pioneiros retomava uma discussão iniciada já na década de 1920, por educadores que, através da Associação Brasileira de Educação (Abe), objetivavam pressionar as autoridades governamentais para a renovação do sistema educacional. O manifesto não se opunha propriamente ao programa de Campos; pelo contrário, uma vez que ambos desejavam construir um programa educacional de âmbito nacional. Ao anunciar a educação como direito de todos sem distinção de situação econômica e de classe social, e ao definir que o Estado deve assegurar esse direto, porém, o manifesto coloca a educação como um problema social que deve ser enfrentado, o que se apresenta como um avanço para a época. Em contraponto, apresentava inconsistências, como uma visão romantizada dos problemas que envolviam a educação, na opinião de Romanelli (2009), e contradições, "expressando uma colagem de princípios elitista e igualitaristas", na visão do educador Luiz Antônio Cunha (Saviani, 2008, p. 252).

Com tantas lutas ideológicas, a Constituição de 1934, no que se referia à educação e cultura, apresentou uma expressão vitoriosa do movimento renovador, ressaltando que a educação era um direito de todos e que era dever dos poderes públicos favorecê-la juntamente com a família. Porém, instituiu também o ensino religioso facultativo, atendendo aos interesses dos representantes da Igreja Católica. Essa constituição durou apenas três anos, sendo substituída em 1937 com o estabelecimento da ditadura de Vargas.

Enquanto a Constituição de 1937 centralizou o poder, extinguiu o Legislativo e submeteu o Judiciário ao Executivo (Vincentino; Dorigo, 2001), no campo educacional o Estado Novo ratificou o dualismo educacional, ou seja, um ensino público para as elites condutoras e um ensino profissionalizante para o restante da população (Aranha, 1996). Ou conforme o texto da constituição supracitada, no seu art. 129, o "ensino pré-vocacional profissional destinado às classes menos favorecidas é em matéria de educação o primeiro dever de Estado". De acordo com Romanelli, (2009, p. 152) a nova constituição "denunciava bem a ideologia do Governo, em sua política educacional, favorável a um sistema educacional de discriminação social". Ambas as constituições, de 1934 e 1937, instituem o ensino primário obrigatório e gratuito.

O que podemos constatar é que, além de a Constituição de 1934 ter sido mais abrangente no campo educacional do que a de 1937, no contexto da ditadura imposta durante o Estado Novo as lutas ideológicas proclamadas em torno das questões educacionais do período anterior ficaram adormecidas, tornando-se lutas individuais e sem condições de serem externadas. O final do período Vargas foi marcado no campo educacional pelas reformas iniciadas em 1942 por Gustavo Capanema. Segundo Schwartzman (1985, p. 165),

> Capanema, Ministro da Educação de 1937 a 1945, foi responsável por uma série de projetos importantes de reorganização do ensino no país, assim como pela organização do Ministério da Educação em moldes semelhantes ao que ainda é hoje. O apoio dado por Capanema a grupos intelectuais e, mais especialmente, a arquitetos e artistas plásticos de orientação moderna, contribuiu para cercar sua gestão de uma imagem de modernização na esfera educacional [...]. [A] característica principal de sua gestão, na área educacional, foi sua vinculação com os setores mais conservadores da Igreja Católica no Brasil. Em consequência desta vinculação a Igreja cessou, durante o Estado Novo, seu ataque tradicional à interferência do Estado nas atividades educacionais, e o Estado, por sua vez, tratou de adotar os preceitos doutrinários e educacionais da Igreja no ensino público que ora se implantava.

Essas reformas mantinham o ensino secundário voltado às elites, direcionado ao ingresso no curso superior, à criação de uma consciência nacionalista e à formação de lideranças (Aranha, 1996), e investiam nos cursos profissionalizantes (é dessa época a criação do Serviço Nacional de Aprendizagem Industrial – o Senai, e as ações que resultaram na criação do Serviço Nacional de Aprendizagem Comercial – Senac, em 1946). É importante lembrar que, por meio de decreto-lei, o governo obrigava o Senai a "empregar aprendizes, menores de idade com um percentual proporcional de 8% do número de trabalhadores da indústria e matriculá-los nas escolas mantidas pela própria instituição" (Romanelli, 2009, p. 166), caracterizando a parceria entre governo e empresas também na formação básica.

A queda de Vargas e a democracia populista

Reconhecendo que seria inevitável a redemocratização do país, em 1945 Vargas marcou eleições em um curto período, sem dar tempo para que a oposição pudesse se articular e contrapor suas ideias, ao mesmo tempo que preparava o movimento queremista, cujo lema era: "Queremos Getúlio!". No entanto, nesse mesmo ano, foi derrubado por um golpe organizado pelo exército, que temia uma guinada do governo para a esquerda, garantindo a realização de eleições sem a sua participação e colocando fim ao Estado Novo (Vicentino; Dorigo, 2001). Em 1946 foi promulgada a quinta constituição do país, a mais democrática até então e inspirada nas doutrinas sociais do século XX (Romanelli, 2009), garantindo direitos individuais e instituindo o voto secreto e universal e os três poderes da república. Retomada a democracia, sucederam-se governos de características marcadamente populistas, incluindo um novo governo de Vargas, que se manteve na cena política como senador após o fim do Estado Novo e foi eleito presidente pelo voto popular em 1951.

De acordo com Romanelli, (2009, p. 170) "a Constituição de 46 [...] se aproximava muito da Constituição de 34, inspirada nos princípios proclamados pelos pioneiros. [...] o espírito dominante na luta encetada pelos educadores, no princípio da década de 1930, voltava agora a inspirar as determinações de nossa Carta Magna". A Constituição estabelecia a educação como direito de todos, garantia o ensino primário obrigatório (e gratuito na rede pública), fixava a exigência de títulos e provas para exercício do magistério no ensino secundário, tornava o ensino religioso optativo nas escolas públicas, descentralizava o ensino, responsabilizando também os estados por sua organização, criava uma vinculação orçamentária à educação, garantia assistência educacional a alunos necessitados e determinava como dever do Estado o amparo à cultura. Nessa Constituição ficou estabelecido ainda que a União legislasse sobre as diretrizes e bases da educação no país.

Com as garantias individuais, o direito e a liberdade restabelecidos, foi organizada uma comissão de educadores com o objetivo de estudar e oferecer um projeto de reforma geral da educação brasileira. A partir das discussões geradas nessa comissão, foi proposto um Projeto de Lei, encaminhado ao legislativo em 1948, caracterizando uma proposta descentralizadora, como a já preconizada pela ABE na década de 1930. Esse projeto suscitou intensos debates e controvérsias durante anos, sobre questões como centralização ou descentralização e responsabilidade pública ou privada pelo ensino. Já em 1949, um substitutivo propunha que:

> a sociedade civil assumisse o controle da educação, defendendo, à vista disso, uma das formas de privatização do ensino: a educação seria financiada pelo Estado, pelo setor público, porém vinculando a responsabilidade do financiamento estatal para entidades privadas; uma forma de delegação do financiamento público aos usuários do sistema, cuja prestação de ensino caberia às instituições privadas. "Para isso, argumentava e alegava-se a chamada 'liberdade de ensino'." (Santos, 2007)

Após treze anos de debates, e com diversas alterações em relação ao texto original, o projeto foi transformado na Lei de Diretrizes e Bases da Educação Nacional – LDBEN (Lei nº 4.024) e sancionada parcialmente em 1961 pelo presidente João Goulart*, que suspendeu vinte e cinco dispositivos. Romanelli (2009, p. 171) salienta que "jamais, na história da educação brasileira, um projeto de lei foi tão debatido e sofreu tantos reveses, quanto este". Após tantos contratempos, e depois de tão discutida, esquecida e retomada, a LDBEN, inicialmente pensada como uma proposta inovadora para o sistema de ensino, acabou na sua versão final mantendo em grande parte o *status quo* da educação no país até então. O educador Anísio Teixeira considerou sua aprovação como uma "meia vitória" das forças renovadoras na educação (Teixeira, 1969).

Entre as principais características da LBDEN de 1961, podemos

* João Goulart era vice-presidente de Jânio Quadros, que renunciou em agosto de 1961. Assumindo, João Goulart presidiu o país entre 1961 e 1964 até ser deposto pelo golpe militar de 64.

destacar: maior autonomia aos órgãos estaduais, diminuindo a centralização do poder no MEC; regulamentação dos Conselhos Estaduais de Educação e do Conselho Federal de Educação; o direito à educação assegurado pela obrigação do poder público e pela liberdade da iniciativa particular de ministrarem o ensino em todos os graus; a definição de que a destinação do dinheiro público não é exclusiva às instituições de ensino públicas; a determinação de uma formação de professores para o ensino primário no ensino normal de grau ginasial ou colegial e de professores para o ensino médio em curso superior. Essa lei vigorou no país mesmo após o golpe de 64 e a instauração do regime militar, sendo porém alterada em diversos aspectos através da lei nº 5.540/1968 e da lei nº 5.692/1971, infundidas pelos militares e tecnocratas.

O Golpe de 64 e o regime militar

João Goulart foi deposto em 1964 pelo golpe militar, instituindo-se a ditadura que governou o país até 1985. O golpe foi considerado imprescindível pela classe dominante, de forma a garantir o modelo sócio-político-econômico vigente em meio às lutas ideológicas emergentes no cenário nacional, sendo apoiado inicialmente pelos grandes empresários nacionais e estrangeiros, pela Igreja, pela classe média e pelos Estados Unidos. Apesar de os militares assumirem o governo manifestando um compromisso com a defesa da democracia, o que se verificou foi uma escalada do autoritarismo, que caracterizou o regime por meio de diversas medidas e Atos Institucionais (culminando com o AI-5) que cercearam os direitos políticos dos cidadãos. Em 1967 foi promulgada uma nova constituição federal.

No plano político, presenciaram-se durante a ditadura os seguintes fatos: o fechamento do congresso; a extinção dos partidos políticos de até então e a criação do bipartidarismo (foram permitidas apenas duas associações políticas nacionais, sendo que nenhuma delas poderia usar a nomenclatura de "partido": Aliança Renovadora Nacional – Arena, base de sustentação civil do governo militar e o Movimento Democrático Brasileiro – MDB, que fazia uma oposição que era tolerada); a intervenção em sindicatos; a instituição da censura aos meios de comunicação; a perseguição política e a cassação de direitos; a tortura e morte sob acusação de "subversão", entre outros. No plano econômico, verificou-se a modernização da indústria e dos serviços, o arrocho salarial (manifestações trabalhistas eram reprimidas com violência) e a abertura do país para o capital estrangeiro, gerando o endividamento. Um período de desenvolvimento econômico no início da década de 1970, denominado pela propaganda oficial como o "milagre econômico", foi seguido por uma grave crise da economia brasileira (Vicentino; Dorigo, 2001; Cotrim, 2002).

No que diz respeito à educação, esse período foi também conturbado e caracterizado por um caráter antidemocrático das propostas de governo. Muitos educadores foram perseguidos por suas posições ideológicas e muitos foram mortos; outros se exilaram, outros foram demitidos ou trocaram de função. Universidades foram invadidas, estudantes presos e feridos no embate com a polícia e a União Nacional dos Estudantes (UNE) foi proibida de funcionar. Os pressupostos teóricos estavam embasados na perspectiva tecnicista baseada na filosofia positivista e na psicologia behaviorista, ou seja, valorizavam a ciência como uma forma de conhecimento objetivo através da observação e da experimentação quantitativas. É desse período também a difusão das universidades no país e a criação do vestibular classificatório.

Em 1967, foi criado através da Lei nº 5.379 o Movimento Brasileiro de Alfabetização (Mobral), que tinha como objetivo erradicar o analfabetismo no país. Esse objetivo estava alicerçado no caráter tecnicista do regime autoritário da época, e o Mobral era o "organismo executor de uma campanha alfabetizadora" (Paiva, 2003, p. 336). Durante toda a década de 1970 o Mobral ofertava à população a alfabetização e as quatros séries iniciais do ensino fundamental. Nesse período foram difundidos também os cursos de suplência transmitidos pelo rádio e pela televisão. De acordo com Machado, citada por Ventura (2001, p. 12), na década de 1970 "o Mobral representava uma ação centralizadora de âmbito nacional desvinculada de uma coordenação direta do próprio ministério". Durante os 15 anos de sua existência, desfrutou de autonomia e de legitimação da ideologia, atendendo às expectativas do modelo socioeconômico da época. O Mobral foi extinto em 1985, quando se iniciou o processo de abertura política no país.

O período do golpe militar foi o percurso mais perverso no que se referia a qualquer expressão popular que se colocasse contrária ao regime. Foi nesse momento que surgiu a Lei nº 5.692/1971*, que reformou a LBDEN de 1961, tendo como característica marcante a formação tecnicista e profissionalizante sob a égide do "milagre econômico" – pretendia-se que a educação profissionalizante contribuísse para o aumento da produção brasileira. É expressivo que, enquanto a LBDEN de 1961 determinava, em seu artigo 25, que o "ensino primário tem por fim o desenvolvimento do raciocínio e das atividades de expressão da criança, e a sua integração no meio físico e social", a Lei nº 5.692/1971, sem revogar o artigo da lei anterior, ressalta, no art. 5º, inciso 2º, a), que o currículo incluirá uma formação especial que "terá o objetivo de sondagem de aptidões e iniciação para o trabalho, no ensino de 1º grau". Outro aspecto marcante dessa lei foi a inclusão obrigatória da disciplina de educação, moral e cívica nos currículos de 1º e 2º graus.

O período do regime militar caracterizou-se também pela ajuda internacional para a educação que o país recebeu através de acordos entre o Ministério da Educação e Cultura e a *United States Agency*

* Cabe-nos alertar que a Lei nº 5.692/1971 não é a Lei de Diretrizes e Bases da Educação Nacional, mas sim um ajuste ou reforma da LDBEN de 1961. Dispositivos da LDBEN nº 4.024/1961, relativos ao ensino primário e médio, foram revogados e substituídos. Já a Lei nº 5.540/1968 reformou a estrutura do ensino superior.

for Internaional Development (conhecidos como acordos MEC-Usaid). Essa ajuda se deu na forma de assistência técnica e cooperação financeira, com vistas a reformar o sistema educacional adequando-o ao modelo de desenvolvimento econômico (Romanelli, 2009). A influência do Banco Mundial nas políticas educacionais, que já ocorria desde a década de 1950 e que se fez presente na formulação da LDBEN de 1961, perdurou durante a ditadura (Fonseca, 2000).

A configuração da educação nesse período, a partir das reformas estabelecidas pelo regime militar, tornou-se escopo de crítica de educadores brasileiros que, a partir da segunda metade dos anos 1970, começaram a se organizar em diferentes associações, como: a Associação Nacional de Pós-Graduação e Pesquisa em Educação – Anped (1976), o Centro de Estudos Educação e Sociedade – Cedes (1978), a Associação Nacional de Educação – Ande (1979), a Confederação de Professores do Brasil – CPB (1979), a Associação Nacional de Docentes do Ensino Superior – Andes (1981), entre outras. Surgem nesse período diversas publicações com trabalhos científicos (uma produção acadêmica com análises, diagnósticos e propostas) nos quais se discutia uma educação abrangente e de qualidade, dentro de uma visão contra-hegemônica voltada para uma formação integral do sujeito. Essas discussões e essa mobilização perduram até hoje, adentrando a década de 1990, época em que foi gestada a atual LDBEN.

A década de 1990 e a atual Lei de Diretrizes e Bases

A redemocratização do país, na década de 1980, teve seus marcos fundamentais com as eleições diretas para presidente da república em 1985 e com a promulgação da nova constituição, em 1988. No campo educacional, porém, foi a década de 1990 que definiu os rumos da educação, que vigoram até os dias atuais, fortemente calcados nas políticas neoliberais.

Nos anos 1990, o modelo educativo brasileiro foi submetido fortemente às proposições do Banco Mundial (De Tommasi; Warde; Haddad, 2000). Essas proposições, oriundas de uma instituição financeira e pensadas por economistas, trazem embutidas conceitos empresariais associados a insumos que garantiriam a qualidade do ensino. Em linhas gerais, há uma desvalorização do professor e da infraestrutura escolar e uma valorização de mecanismos de monitoramento de desempenho escolar (desempenho do sistema educacional, desempenho da escola, desempenho do professor, desempenho do aluno).

Nessa década é revivido o pensamento tecnicista: conteúdos são ampliados abarcando os conceitos de *competências* e *habilidades*, perdendo-se, assim, em grande parte as discussões sobre formação integral iniciadas na década anterior (Gomes; Marins, 2004). Embora essas duas palavras não estejam necessariamente dissociadas do processo educativo, importadas do meio empresarial para o educacional trazem no seu bojo uma concepção ideológica e a ideia de "qualificação para uma determinada função", desviando o foco da educação como "formação integral do cidadão" para educação como "formação do trabalhador/profissional". Retomaremos a discussão desses conceitos no capítulo 3, ao falarmos sobre a formação de professores.

Para compreendermos as reformas educacionais ocorridas no Brasil nos anos 1990, vinculadas à política neoliberal, faz-se necessário ainda recorrermos à teoria do "capital humano". Segundo Frigotto (1995, p. 41),

> capital humano é uma "quantidade" ou um grau de educação e de qualificação, tomado como indicativo de um determinado volume de conhecimentos, habilidades e atitudes adquiridas, que funcionam como potencializadoras da capacidade de trabalho e produção. Desta suposição deriva-se que o investimento em capital humano é um dos mais rentáveis, tanto no plano geral do desenvolvimento das nações, quanto no plano da mobilidade individual.

A partir da concepção de uma educação voltada para o capital humano, surge a ideia de que a própria educação pode (ou deve) ser avaliada a partir do seu impacto sobre o desenvolvimento econômico e que os investimentos em educação podem (ou devem) seguir uma lógica de custo-benefício. Nessa perspectiva, a escola perde seu caráter de formação humana e ganha um caráter voltado para a produtividade. Essa teoria teve grande destaque nas décadas de 1960 e 1970 e, retomada nos anos 1990, articula atualmente a educação com as demandas do mercado de trabalho, priorizando a polivalência e a flexibilidade, conceitos afeitos ao sistema produtivo, como redefinição de "novos" modelos educacionais (Frigotto, 1999).

Nessa mesma vertente, Kuenzer (2003, p. 22) comenta que a concepção tecnicista deslocou o "referencial da qualificação do emprego – qualificação profissional – para a qualificação do indivíduo". Ainda nessa perspectiva, Oliveira (2000) afirma que as "reformas educativas ocorridas no Brasil a partir dos anos 1990 estão sendo implementadas de forma gradativa e difusa, porém com rapidez surpreendente e com a mesma orientação, na qual prevalecem os conceitos de produtividade, eficácia e excelência, importados das teorias administrativas."

Esse período teve seu marco em 1995, quando, no seu início, o governo FHC divulga suas propostas para a melhoria do ensino público (Freitas, 2002, p. 142, grifo nosso):

> a distribuição das verbas federais diretamente para as escolas, sem passar pelos estados e municípios; criação do Sistema Nacional de Educação a Distância, com a instalação de aparelhos de TV em cada escola, com o objetivo de "preparar professores para que eles possam ensinar melhor"; a melhoria da qualidade dos 58 milhões de livros didáticos distribuídos anualmente para as escolas; a reforma do currículo para melhorar o conteúdo do ensino, com o estabelecimento de matérias obrigatórias em todo o território nacional; e a avaliação das escolas por meio de testes, premiando aquelas com melhor desempenho.

Contudo, as mudanças que vêm ocorrendo desde então, voltadas para o desenvolvimento do capitalismo, principalmente no plano econômico, por meio da globalização, que vem integrando mercados, trazem como consequências, no que tange ao plano social, mazelas causadas pela letalidade da política neoliberal (Couto, 2007). Essas mudanças levaram a um aumento do desemprego, sustentadas pelo ideário de que não há outra forma de relação social possível e desejável a não ser as relações capitalistas. Segundo Bianchetti (2001, p. 94) "essa lógica coloca a educação como um bem econômico que deve responder, da mesma maneira que uma mercadoria, à lei da oferta e da demanda."

Nesse contexto, as políticas públicas, imbricadas com a globalização econômica, reconfiguraram as políticas sociais. Essas políticas foram inseridas no ajuste estrutural alicerçado pela criação do "Estado Mínimo", ou seja, postulavam reformas que transmutassem para o setor privado os encargos e compromissos que antes eram assumidos pelo setor público. Sendo assim, a educação deixou de ser compreendida como direito, em claro desacordo com a Constituição de 1988, com sua transferência "da esfera da política para a esfera do mercado, negando-se sua condição de direito social e transformando-a em uma possibilidade de consumo individual, variando segundo o mérito e a capacidade dos consumidores" (Gentili, 1998, p. 19).

Nessa perspectiva, a educação teve seu papel inovador da sociedade redefinido para uma função principalmente de reprodução e manutenção do sistema. Colocada no centro do debate entre diferentes visões socioeconômicas, ressaltou-se então a atuação dos professores que, por muitas vezes, são responsabilizados pelas mazelas que invadem o sistema educacional e, outras vezes, são vistos como redentores do mesmo sistema. A formação de professores passou a ser considerado elemento central para a implementação das reformas educativas. Friedman, citado por Bianchetti (2001, p. 97), afirma que "em escolarização, pais e filhos são os consumidores e o mestre e o administrador da escola, os produtores. A centralização na escolaridade trouxe unidades maiores e aumento do poder dos produtores".

No cenário mundial, conferências internacionais sobre educação priorizavam educação básica. A "Conferência Educação Para Todos", em Jomtien, 1990, postulou o direito humano a uma educação que satisfizesse suas necessidades básicas de aprendizagem, apontando para a importância de priorizar-se a educação básica (Sales, 2003). A formação de professores foi considerada como sendo um ponto central na sequência de prioridades para a universalização da educação. Nessa perspectiva, a reforma da educação básica no Brasil passou a determinar também as diretrizes para as políticas de formação de professores*. De forma contraditória, porém, verificou-se na prática e mesmo em declarações de altos representantes do poder público, uma concomitante desvalorização da formação do professor do ensino básico, para o qual não seria necessária uma formação universitária de alto nível (Couto, 2007).

Nesse período, também em relação à formação de professores, "como resultado das transformações no campo do trabalho produtivo mundial, vivenciamos o retorno às concepções tecnicista e pragmática da década de 1970, em um patamar mais avançado" (Freitas, 2004, p. 93). Com o objetivo de adequar a educação básica às exigências do mercado de trabalho, o Banco Mundial elegeu algumas orientações para a formação de professores para os países periféricos, como é o caso do Brasil. Essas orientações

* A orientação oficial sobre a política de formação de professores e diretrizes curriculares para cursos de formação inclui: a Resolução CP nº 04/1997 do CNE; os Referenciais Curriculares para a Formação de Professores – Parecer nº 115/1999, que criou os Institutos Superiores de Educação – ISE; as Diretrizes Curriculares para a Formação Inicial de Professores para a Educação Básica em Nível Superior, de 2001; o Parecer 009 CNE/CP/2001; e a LDBEN nº 9.394/1996.

são: exigências de uma formação em serviço realizada por meio da educação a distância e de programas curtos, considerada fundamental para a melhoria desse nível de ensino; formação complementar à educação, com curta formação inicial centralizada nos aspectos pedagógicos; contratação de professores com conhecimentos e competências comprovadas (prova nacional aplicada aos docentes); salário docente estritamente vinculado à qualidade docente, baseado na ideia de que o incremento desse salário, por si só, não tem incidência sobre o rendimento escolar (Torres, 2000).

Foi nesse contexto de subserviência ao Banco Mundial que se constituiu a atual LDBEN. Por outro lado, no seu processo de elaboração houve também grande mobilização de professores e de entidades ligadas ao ensino, iniciada já na época da Constituinte de 1987 (Saviani, 2008), no sentido de influenciar diretamente na definição das novas diretrizes para a educação. Com efeito, para se chegar à aprovação final da atual LDBEN foram apresentadas duas propostas distintas. A primeira, conhecida como *o Projeto Jorge Hage*, refletia os debates realizados com a sociedade civil, organizada através do Fórum Nacional em Defesa da Escola, e foi apresentada à Câmara dos Deputados em 1990. A outra proposta foi elaborada pelos senadores Darcy Ribeiro, Maurício Correa e Marco Maciel e, articulada através do MEC, foi apresentada em 1992, quando o primeiro projeto já estava em fase final de tramitação no legislativo.

O desacordo entre as duas propostas era principalmente em relação ao papel do Estado na educação. Na primeira, apresentada pelo professor Jorge Hage, havia uma grande preocupação com as estratégias do controle social e do sistema de ensino. Sobre ela, Saviani (2008, p. 58) afirma que "o texto representava inegavelmente, em confronto com a situação vigente, um avanço. Seu tom era progressista, não obstante a existência de vários pontos que necessitariam ser revistos e modificados". A segunda proposta, do senado, embasava uma estrutura mais centralizada no governo. Na verdade, não é em seus aspectos gerais, relativos ao conceito de educação, ao "direito à educação", à "gratuidade do ensino", entre outros, que as duas propostas divergem, mas sim, como chama a atenção Saviani (2008), na organização do sistema educacional e nos seus mecanismos de decisão e gestão.

Ao final, após anos de discussão democrática e mobilização, o texto que acabou sendo aprovado foi a proposta enviada pelos senadores, na verdade um substitutivo de 1996 que tramitou rapidamente na Câmara dos Deputados e que contou com o apoio do então presidente da República Fernando Henrique Cardoso. A nova LDBEN, aprovada em 1996 e válida com algumas modificações posteriores até hoje em dia, estava inserida num contexto de significativas transformações nas relações sociais, políticas e econômicas, em um mundo que priorizava a individualização e no qual se verificava uma centralização do poder nas mãos de organismos internacionais, concomitantemente a uma redução da responsabilidade do Estado no que tange aos direitos básicos.

A LDBEN (Lei nº 9.394, de 1996) é leitura obrigatória para qualquer profissional da educação – destacamos alguns pontos relevantes relativos ao ensino fundamental, mas que de forma alguma cobrem todas as determinações da lei. A atual LDBEN apresenta a composição dos níveis escolares que se dividem em educação básica e educação superior. A educação básica tem por finalidade desenvolver o educando, assegurar-lhe a formação comum indispensável para o exercício da cidadania e fornecer-lhe meios para progredir no trabalho e em estudos posteriores (Art. 21, Capítulo II, Seção I). De acordo com o texto da lei, a carga horária mínima para a educação básica é de oitocentas horas, distribuídas em, no mínimo, duzentos dias letivos de constante trabalho escolar, sendo ela dividida em: educação infantil, ensino fundamental (com duração total de oito anos) e ensino médio. No entanto, no ano de 2006 a LDBEN foi alterada em seus artigos 32 e 87, através da Lei Ordinária 11.274/2006, que teve como objetivo assegurar a toda a criança um tempo maior de convívio escolar. Sendo assim, a regulamentação da lei aumentou a duração do ensino fundamental para nove anos, estabelecendo para as instituições de ensino de todo o território nacional a adequação até o ano de 2010.

No que se refere ainda ao ensino fundamental (Art. 32, Capítulo II, Seção III), ele é obrigatório, gratuito nas escolas públicas e atende a crianças a partir dos seis anos de idade. Tem como objetivos gerais "a formação básica do cidadão", a partir do desenvolvimento da "capacidade de aprender, tendo como meios básicos o pleno domínio da leitura, da escrita e do cálculo"; da "compreensão do ambiente natural e social, do sistema político, da tecnologia, das artes e dos valores em que se apoiam a sociedade"; e da "capacidade de aprendizagem tendo em vista a aquisição de conhecimentos e habilidades e a formação de atitudes e valores"; além do "fortalecimento dos vínculos de família, os laços de solidariedade humana e de tolerância recíproca em que se coloca a vida em sociedade". A LBDEN regulamenta ainda os ensinos infantil, médio, profissional e superior, além de definir os requisitos de formação dos professores que atuam em cada nível e modalidade do ensino e os recursos destinados à educação. É interessante notar ainda que, pela primeira vez, a educação de jovens e adultos é incluída na lei como uma modalidade da educação.

Síntese

Neste capítulo fizemos um breve resgate histórico da educação brasileira, de forma a situá-la para os nossos leitores e leitoras num contexto maior, reconhecendo os embates, os avanços e os retrocessos, os limites e as possibilidades e, também, reconhecendo-a como campo de disputa e de poder. Cobrimos o período pré-republicano e acompanhamos sua trajetória em diferentes momentos históricos da República, desde suas décadas iniciais, com o monopólio das oligarquias agrárias, passando pela ditadura Vargas, com a urbanização e o fortalecimento da burguesia, a retomada da democracia, com governos de cunho populista, o período da ditadura militar pós-golpe de 64, com a repressão aos movimentos político-sociais, aliada inicialmente ao milagre econômico e posteriormente à grave crise da economia, até a redemocratização do país nos anos 1980, com o avanço das políticas neoliberais.

Vimos que no Brasil, ao longo de toda a sua história republicana, a educação esteve sempre marcada por um forte dualismo, caracterizado por um ensino intelectualizado para as elites (com vistas a uma formação em nível superior) e um ensino profissionalizante para as classes populares. Discutimos também a influência positivista e cientificista sobre a educação na República Velha, em detrimento a uma visão humanista; a ênfase cada vez maior no ensino técnico profissionalizante na Era Vargas, para atender a crescente demanda por mão de obra qualificada em um país que se industrializava; a criação da primeira LBDEN, já com a democracia restabelecida, com características inovadoras e renovadoras; o caráter tecnicista que marcou o período do regime militar; e a vinculação da educação à ótica empresarial que dominou o cenário sócio-político-econômico do país por meio das políticas neoliberais a partir dos anos 1990. Por fim, vimos que, apesar de alguns momentos de mobilização (como nas décadas de 1920 e 1930, com o Movimento dos Pioneiros, e nas décadas de 1980 e 1990, na formulação da atual LDBEN), verificou-se sempre uma grande centralização pelo Estado na definição das políticas educacionais.

Indicações culturais

Sites

BRASIL. Ministério da Educação. Instituto Nacional e Estudos e Pesquisas Educacionais Anísio Teixeira. Publicações. Disponível em: <http://www.publicacoes.inep.gov.br/>. Acesso em: 25 fev. 2010.

Este link *do Instituto Nacional de Estudos e Pesquisas Educacionais Anísio Teixeira – INEP, autarquia vinculada ao Ministério da Educação, traz informações e avaliações sobre o Sistema Educacional Brasileiro nas diversas publicações como artigos, revistas e outros periódicos relacionados à educação e a estudos pedagógicos atuais.*

HERRIMIENTA DEBATE Y CRÍTICA MARXISTA. Disponível em: <http://www.herramienta.com.ar>. Acesso em: 25 fev. 2010.

Este site *apresenta* links *para discussões e debates sobre a educação na Argentina e na América do Sul em geral, abordando temas como educação, filosofia, sociologia,cultura e globalização. Interessante para "alargar o horizonte", permitindo ampliar a visão da educação para além de aspectos puramente brasileiros. O* site *é argentino, portanto está no idioma local.*

Obras cinematográficas

O POVO brasileiro. Direção: Isa G. Ferraz. Produção: TV Cultura, GNT e Fundar. Brasil: Versátil Home Vídeo, 2000. 280 min.

Documentário baseado na obra do antropólogo Darcy Ribeiro, retratando a formação, a miscigenação e o sincretismo cultural do povo brasileiro. Propicia a nós, educadores, compreendermos melhor o nosso grupo de alunos em sala de aula.

CENTRAL do Brasil. Direção: Walter Salles. Produção: Arthur Conn e Martine de Clermont-Tonnerre. Brasil: Sony Pictures Classic, 1998. 113 min.

Apresenta uma mulher que "trabalha" na estação de trem Central do Brasil, no Rio de Janeiro, lendo e escrevendo cartas para as pessoas analfabetas que desejam mandar notícias para os familiares que ficaram em seus estados de origem. Este filme coloca em pauta a questão do analfabetismo no país, que ainda não foi superado, apesar das inúmeras reformas e propostas realizadas ao longo da história de nosso país.

Atividades de autoavaliação

1. Para atender à Família Real, foram necessárias algumas mudanças de cunho cultural. Podemos considerar que essas foram as primeiras mudanças representativas para a educação brasileira? Marque a afirmativa correta:

   a) Não. Porque com a vinda da Família Real o país retrocedeu na educação.
   b) Sim. Foram criados espaços culturais para atender às demandas da Família Real.
   c) Sim. Foram reabertos espaços como Jardim Botânico, Biblioteca Nacional, museus etc.
   d) Não. Porque a Família Real tinha preocupação com a imprensa.

2. Após ler a sentença, coloque V (verdadeira) ou F (falsa) para as afirmativas e marque a alternativa que corresponde à sequência correta.

   Quanto ao Período Jesuítico, podemos afirmar:

   ( ) A educação jesuítica consolidou a educação indígena no país.
   ( ) A educação europeia durou mais de 60 anos desde a chegada dos jesuítas.
   ( ) A educação jesuítica impôs a educação europeia aos índios.
   ( ) A educação jesuítica preocupava-se principalmente com o proselitismo e o noviciado.

( ) O Período Jesuítico é posterior ao Período Pombalino.

a) F, F, F, V, V.

b) V, V, F, F, V.

c) F, F, V, V, F.

d) V, F, V, F, V.

3. Após ler a sentença, coloque V (verdadeira) ou F (falsa) para as afirmativas e marque a alternativa que corresponde à sequência correta.

No que se refere à Primeira República, podemos afirmar:

( ) O sistema escolar teve influência da filosofia positivista.

( ) O sistema escolar teve como pressupostos propostas teóricas dos escolanovistas.

( ) O sistema escolar priorizou a razão e a ciência para explicar o universo.

( ) A filosofia positivista descende da filosofia do Iluminismo.

( ) Nesse período foram estabelecidas a liberdade e a laicidade do ensino.

a) V, V, F, V, F.

b) V, F, V, V, F.

c) F, V, V, F, F.

d) V, F, V, V, V.

4. Após ler a sentença, coloque V (verdadeira) ou F (falsa) para as afirmativas e marque a alternativa que corresponde à sequência correta.

Os educadores da escola nova propunham:

( ) Uma educação privatista de cunho religioso.

( ) Uma educação privatista com o objetivo de igualar a sociedade.

( ) Uma educação privatista laica e sem privilégios.

( ) Uma educação pública, mas restrita à classe dominante da época.

( ) Uma educação pública visando a uma sociedade igualitária.

a) F, F, F, F, V.

b) V, V, V, V, F.

c) V, F, F, V, F.

d) F, V, F, F, F.

5. Em 1930 iniciou uma nova fase na história do Brasil, marcada pela liderança política de Getúlio Vargas. Esse período ficou conhecido como a *Era Vargas* ou *Período Getulista*, que perdurou até 1945. Considerando essa fase da história do Brasil, marque as alternativas corretas nas frases a seguir.

a) O Governo Provisório de Vargas foi marcado pelo poder oligárquico e constitucionalista.

b) O presidente Getúlio Vargas buscou apoio da classe operária, por considerá-la fundamental para a economia do país e para sua sustentação política.

c) A Constituição de 1934, no que tange à educação, considerou-a como direito de todos e como dever dos poderes públicos favorecê-la juntamente com a família.

d) As reformas educacionais na Era Vargas favoreceram principalmente o ensino fundamental e o ensino superior.

Atividades de aprendizagem

Questões para reflexão

1. Discuta com o seu grupo de trabalho qual foi a conjuntura política na qual foi criada a atual LDBEN nº 9.394/1996.

2. Observe, no cotidiano escolar, situações em que você considere que a relação educacional está baseada na lógica *custo-benefício*, ou seja, na concepção do capital humano – ligado à produtividade. Faça um breve relato e discussão.

Atividade aplicada: prática

1. Faça um fichamento, descrevendo os principais momentos históricos que contribuíram para a construção da educação brasileira.

2

O ensino fundamental e seus desdobramentos

"Minha formação é permanente. Começo por aceitar que o formador é o sujeito em relação a que me considero o objeto, que ele é o sujeito que me forma e eu, o objeto por ele formado, me considero como um paciente que recebe os conhecimentos-conteúdos-acumulados pelo sujeito que sabe e que são a mim transferidos."

(Freire, 1996, p. 25)

Neste capítulo faremos uma reflexão crítica sobre questões que envolvem a identidade, ou identidades, dos sujeitos envolvidos no processo educativo e consequentemente sobre sua(s) cultura(s). Discutiremos o desenvolvimento de um currículo que atenda à multiplicidade desse sujeito plural e, vinculado a isso, abordaremos a escola enquanto espaço-tempo em que (quando) essas questões e as tensões que envolvem esses temas estão postas. Refletiremos sobre o papel do educador enquanto ator social inserido no contexto escolar.

O terreno da educação: ensino fundamental

Como vimos no capítulo anterior, a educação brasileira esteve sempre atrelada ao contexto histórico, social, político e principalmente ao cenário econômico, que prevaleceu sobre todas as outras esferas citadas. A educação desenvolveu-se, desde o início, como parte integrante do repertório de manipulação do sistema pelo capital, que busca na educação a criação de um consenso que torna possível a manutenção e a reprodução de um sistema de classes.

Quando tratamos da educação, muitos desdobramentos estão envolvidos em torno dessa prática social. E, em se tratando de prática, ela exige de nós uma atuação crítica diante da vida. Diversos autores colocam que a educação é responsável pela emancipação humana, delegando a ela uma responsabilidade sobre todas as mazelas sociais. No entanto, Adorno (1995, p. 11) faz um contraponto afirmando que:

> A educação não é necessariamente um fator de emancipação [...] quanto mais a educação procura se fechar ao seu condicionamento social, tanto mais ela se converte em mera presa da situação social existente. É a situação do "sonho de uma humanidade que torna o mundo humano, sonho que o próprio mundo sufoca com obstinação na humanidade"!

Neste primeiro momento vamos refletir juntos sobre o processo educativo, que envolve não somente a escola como lócus formal e instituído de aprendizagem, como também todos os espaços/tempos em que a educação está presente. Iniciamos, então, citando Brandão (1982, p. 7), quando afirma que "ninguém escapa da educação. Em casa, na rua, na igreja, ou na escola, de um modo ou de muitos todos nós envolvemos pedaços da vida com ela: para aprender, para ensinar, para aprender-e-ensinar. Para saber, para fazer, para ser ou para conviver, todos os dias misturamos a vida com a educação".

Sendo assim, reconhecemos que a educação está intrinsecamente relacionada com a vida, pois ela alimenta constantemente o nosso processo de ensinar e aprender. Isso quer dizer que eu aprendo e ensino, e vice-versa, em relação com o outro e com o mundo, e que este outro vivencia o mesmo processo em relação a outros e a mim mesmo e com o mundo. Vamos assim tecendo a grande rede de relações dos grupos sociais de nossa convivência e da sociedade em geral. Santomé (2003, p. 38) afirma que

> Educar significa oferecer a cidadãos e cidadãs conhecimentos e habilidades para analisar o funcionamento da sociedade, e para poder intervir em sua orientação e estruturação. Isso inclui também gerar capacidades e possibilidades de obter

informações para criticar esses modelos produtivos e essas instituições do Estado quando não funcionam democraticamente e favorecem os grupos sociais mais privilegiados.

Consequentemente, reproduzimos, mantemos e transformamos as regras, a cultura, os hábitos, as crenças, formando, afirmando e ressignificando a nossa identidade na socialização neste mundo complexo e plural. Um mundo que exige de nós uma leitura e reflexão crítica e, por conseguinte, uma postura ativa de atuação, conforme os ideais de humanização. Uma postura ativa frente a este mundo contemporâneo, dito globalizado/mundializado/transmundializado, ou qualquer outra nomenclatura existente na literatura ou conforme a "moda em voga" (Adorno, 1995).

A *globalização*, termo da atualidade, embora não seja novo, é inseparável da forma mercadológica e está intrinsecamente relacionado ao capital financeiro. É o próprio capital que favorece a aproximação de pessoas, interligando países e ultrapassando as fronteiras da cultura, da política, da comunicação, da tecnologia e da própria economia. Com isso, por outro lado, acirra-se também a concorrência entre os países, ao mesmo tempo em que se monopolizam o conhecimento, as ciências, as novas tecnologias, que se concentram nas mãos do grupo hegemônico do capital.

Chamamos atenção ao fato de que, no mundo dito globalizado, as relações humanas também sofrem influências da ideologia que está por trás de todo o aparato globalizante. Essas relações estão cada vez mais desumanizantes, tornando-nos pessoas cada vez mais individualizadas e individualistas. Sendo assim, a educação, ou mais especificamente a escola, inserida nesse cenário, no seio do capitalismo global, fica subordinada a todo o dispositivo capitalista, com vistas a organizar o seu funcionamento de acordo com o que é preconizado pela organização empresarial. A escola-empresa vê seus alunos como "clientes", as famílias como "parceiros", seus diretores como "gestores" e seus professores como "colaboradores". É nesse contexto que a escola, pública e privada, rende-se aos processos de *qualidade total*, oriundos do mundo do capital, e não a uma qualidade totalizante, no sentido de formação do sujeito omnilateral.

A qualidade em educação, preconizada no modelo neoliberal, está configurada em uma educação melhor para uns do que para outros. A política neoliberal elabora um conceito próprio de qualidade, que migra das práticas empresariais e se transfere diretamente para a educação. Coloca-se que as instituições escolares devem ser elaboradas e avaliadas (julgadas) como empresas produtivas. Produz-se a mercadoria: o conhecimento, o aluno, o currículo. Consequentemente, suas práticas ficam atreladas aos mesmos critérios de avaliação transmutados do mundo empresarial – eficiência e flexibilidade.

Nesse contexto, a educação perde sua função de prática social e passa, então, a prevalecer a prática e a lógica mercantil, subordinando-se às demandas do mercado de trabalho, adequando cada aluno para tornar-se empregável. A educação deve servi-lo apenas como instrumento necessário para competir no mercado de trabalho e, caso o aluno não obtenha sucesso, a culpa torna-se individual. A ideologia que fica por trás é a de que o aluno não se preparou adequadamente para a realidade do mercado de trabalho. Nesse sentido, Gentili (1996, p. 22, grifo nosso) afirma que o problema é mais complexo do que se pensa e diz:

> Os indivíduos são também culpados da crise. A sociedade é culpada na medida em que pessoas aceitaram como natural e inevitável o *status quo* estabelecido por aquele sistema improdutivo de intervenção estatal. Os pobres são culpados pela pobreza; os desempregados pelo desemprego; os corruptos pela corrupção; os favelados pela violência urbana; os sem terra pela violência no campo; os pais pelo rendimento escolar de seus filhos; os professores pela péssima qualidade dos serviços educacionais. **O neoliberalismo privatiza tudo, inclusive o êxito e fracasso social.**

É inegável o extraordinário desenvolvimento das ciências e das técnicas, das tecnologias, nas últimas décadas. Porém, enquanto avançamos em diversos setores, concomitantemente regredimos em outros, principalmente na educação e na saúde. Rapidamente saímos de "cidadãos de direito" para o "direito dos consumidores". Somos "aceitos" entre nossos pares a partir da palavra de ordem "ter" – o significado da palavra "ser" ficou *démodé* no seio dessa nova organização social: quem não tem, não é e não está.

Como disse Bosi, citado por Patto (2004, p. 71), "é preciso inverter uma política educacional que tem valorizado as coisas em detrimento das pessoas". Nesse cenário fluído, chama-nos a atenção o fato de que as relações humanas estão cada vez mais precárias e nossa identidade cultural mais mutável e transitória. Somos homens e mulheres da temporalidade e não mais do tempo histórico. Então, como nós, educadores, poderemos restabelecer uma "nova" relação social?

Nesse contexto, a educação torna-se o fio que inicia todo o processo de socialização e de aprendizagem da cultura da sociedade em que estamos inseridos. O texto a seguir, de José Manuel Moran (2010), ratifica a nossa convicção de que somos todos nós educadores nessa época atemporal.

Todos somos educadores

Num sentido amplo, todos somos educadores.

Todos somos "educadores",

Porque ensinamos

– consciente ou inconscientemente –

Formas mais ou menos interessantes de viver,

Que podem servir de estímulo para evoluir

Ou de pretexto para manter-se na mediocridade.

Somos educadores,

Quando vamos nos construindo

Como pessoas melhores, mais equilibradas,

Mais competentes
Profissionalmente, emocionalmente, socialmente.
Somos educadores de nós mesmos,
Se vivemos cada etapa da vida com coerência,
Aprendendo a lidar com nossas dificuldades,
Contradições, defeitos,
E avançamos, no ritmo possível,
Tornando-nos pessoas mais afetivas, engajadas, realizadas.
Somos educadores,
Quando contribuímos para motivar as pessoas
Que estão perto de nós,
Quando transmitimos esperança,
Quando ensinamos valores humanizadores,
Principalmente pelas nossas ações.
Somos educadores,
Quando construímos uma trajetória pessoal,
Familiar, profissional e social digna,
Crescente e rica em todas as dimensões.
Muitos não acreditam no seu potencial de crescimento
E, infelizmente, se perdem ou se contentam com uma vida superficial,
Consumista, autocentrada e insignificante.
Vale à pena – ao olhar para nossa vida, tão rápida e insegura –
Constatar que está valendo à pena,
Que nosso saldo é positivo,
Que não nos contentamos simplesmente em sobreviver,
Que nos realizamos cada vez mais – com problemas e contradições
Como pessoas mais abertas, humanas e atuantes socialmente.

Primeiro desdobramento: Identidade ou Identidades do sujeito?

Identidade é um conceito polissêmico, complexo e pouco compreendido das ciências sociais, que está vinculado à vida e à sociedade e, consequentemente, à educação, estando também relacionado à crise do Estado de bem-estar social.

Com efeito, Sodré (2001, p. 145) vê a questão da identidade "como o lugar em que se tem e onde se faz a interseção do problema do sujeito com as identificações a que somos obrigados, que somos levados a assumir quotidianamente na vida social e, também, com o sujeito na técnica e na ciência". Acrescentamos ainda que a questão da identidade na contemporaneidade está sendo afetada pela "vida líquida"* da sociedade moderna e pelas discriminações cotidianas a que estamos sujeitos nessa sociedade: a identidade está em constante mutação. Encontramos em Hall (2003, p. 7) a afirmação de que "as velhas identidades, que por tanto tempo estabilizaram o mundo social, estão em declínio, fazendo surgir novas identidades e fragmentando o indivíduo moderno, até aqui visto como um sujeito unificado".

As mudanças que estão ocorrendo de maneira aligeirada atualmente no mundo, globalmente, colocam em xeque a sociedade moderna quanto à fragmentação das relações pessoais e sociais, da nacionalidade, da história de modo geral. Bauman (2007, p. 7) nos lembra que a sociedade "líquido-moderna é uma sociedade em que as condições sob as quais agem seus membros mudam num tempo mais curto do que aquele necessário para a consolidação, em hábitos e rotina, das formas de agir".

* O termo *vida líquida* é usado por Bauman no seu livro *Vida líquida* para identificar a fluidez e a falta de consistência das relações sociais, políticas, culturais e econômicas: A "vida líquida é uma forma de vida que tende a ser levada à frente numa sociedade líquido-moderno" (Bauman, 2007).

Podemos perceber que a identidade está em crise, o que reflete na própria cultura, uma vez que os indivíduos são produto e produtores de cultura, entendendo por *cultura* as práticas sociais que estão inseridas num determinado tempo e espaço e que se caracteriza pela identidade de um grupo social. Vamos tomar como referência as três concepções de identidade, apresentadas aqui resumidamente, discutidas por Hall (2003, p. 12-13) no seu livro *A identidade cultural na pós-modernidade*:

- Sujeito do Iluminismo: baseia-se na "concepção da pessoa humana como um indivíduo totalmente centrado, unificado, dotado das capacidades de razão, da consciência e de ação. [...] O centro essencial do eu era a identidade de uma pessoa".
- Sujeito sociológico: "reflete a crescente complexidade do mundo moderno e a consciência de que este núcleo interior do sujeito não era autônomo e autossuficiente, mas era formado na relação com outras pessoas importantes para ele. [...] A identidade é formada na 'interação' entre o eu e a sociedade".
- Sujeito pós-moderno: formado e transformado "continuamente em relação às formas pelas quais somos representados ou interpelados nos sistemas culturais que nos rodeiam. [...] O sujeito assume identidades diferentes em diferentes momentos, identidades que não são unificadas ao redor de um 'eu' coerente".

Essas concepções não refletem apenas um determinado momento histórico, mas também a pluralidade dos sujeitos no mundo contemporâneo – as múltiplas identidades. A partir dessas concepções, devemos então repensar o papel da educação de forma ampliada, de forma que abarque todas essas identidades, até o seu estreitamento no que tange às relações sociais. Se nesse momento vivemos em um mundo em constante mutação e de aligeiradas transformações, cabe-nos uma reflexão sobre a vida em sociedade e, para tal, recorremos a Giddens, citado por Hall (2003, p. 15), quando afirma que "as práticas sociais são constantemente examinadas e reformadas à luz das informações recebidas sobre aquelas próprias práticas, alterando, assim, constitutivamente, seu caráter".

Não obstante as transformações aligeiradas do mundo, não podemos deixar de nos assumirmos como seres historicamente construídos – cada um de nós é um "ser social". O saudoso professor Freire (1996, p. 46) nos lembra que:

> Assumir-se como ser social e histórico, como ser pensante, comunicante, transformador, criador, realizador de sonhos, capaz de amar. Assumir como sujeito porque é capaz de reconhecer-se como objeto. A assunção de nós mesmos não significa a exclusão dos outros. É a "outredade" do "não eu", ou do tu, que me faz assumir a radicalidade de meu eu.

Cabe-nos aqui, também, recordar Benjamin, citado por Adorno (1995, p. 24), quando afirma que "o passado não é um ponto fixo do qual deriva o presente". Sendo assim, a história só tem sentido se for reelaborada no tempo presente, exatamente para apreendermos com o processo histórico e ressignificá-lo como práxis transformadora da realidade. Sánches Vázquez (2007, p. 219) afirma que "toda práxis é atividade, mas nem toda atividade é práxis [...] é preciso distinguir a práxis, como forma de atividade específica, de outras que podem estar inclusive intimamente vinculadas a ela"*.

Transformar a realidade não é uma tarefa das mais fáceis. Exige de nós, professores, uma reflexão-ação-reflexão diante de todo o processo educativo, seja na instituição escolar ou na sociedade de um modo geral. Sendo assim, esse processo dialético é que nos coloca a pensar na educação como campo de disputa, não somente pela manutenção do *status quo*, mas também pela criação de estratégias que podemos utilizar, como educadores, para uma educação mais emancipatória.

* O autor (Sánches Vázquez, 2007) afirma ainda que "atividade é, aqui, sinônimo de ação, entendida também como ato ou conjunto de atos que modificam uma matéria exterior ou imanente ao agente".

É sabido que existem várias e diferentes formas de se classificar as capacidades do ser humano, como no conjunto das capacidades cognitivas, emocionais e sociais, todas estas inter-relacionadas no campo educacional. No entanto, quando nos referimos ao espaço escolar, "naturalmente" privilegiamos o conjunto das capacidades cognitivas ou intelectuais que envolvem a capacidade motora e de autonomia. O que encontramos nas escolas é a valorização da aprendizagem por disciplina ou por matérias e "grades" (bem presas) curriculares. Como educadores, acreditamos, porém, que todas essas capacidades estão relacionadas entre si e que precisam ser consideradas em conjunto. Então, qual o papel da escola? Qual o currículo que devemos privilegiar? Como educador, qual a nossa função social?

Dependendo da resposta que damos a esses questionamentos, definimos nossa posição como educadores. Qualquer intervenção pedagógica terá por trás uma posição política e de cunho ideológico. Foi nesse sentido que procuramos deixar claro para os nossos leitores e leitoras, na apresentação deste livro, o nosso posicionamento, ou seja, de que lugar nós estamos falando/dialogando com a realidade, com a sociedade e com a educação.

Sabemos que as determinações e os posicionamentos que assumimos refletem na nossa prática pedagógica, na nossa inserção e intervenção no mundo e, principalmente, na nossa posição diante dos nossos alunos, dos nossos meninos e meninas que estão em processo de formação, de desenvolvimento, de crescimento. Acreditamos na formação integral do sujeito, na prática educativa alicerçada na práxis, tendo claro que toda a nossa atuação incidirá positivamente ou negativamente sobre nossos alunos. Por isso é que ser professor é um ato político, que exige de nós, nas palavras de Freire, "amorosidade".

Segundo desdobramento: qual o currículo?

Chegamos a este novo milênio passando por diversas crises, ressignificando conceitos e valores, deparando-nos com as novas configurações familiares (os meus, os seus e os nossos filhos) e com a variedade de identidades que assumimos. Cabem-nos, então, algumas reflexões: Como a escola vem lidando com esse contexto das diversas e aligeiradas transformações do cotidiano? Quem é esse aluno que está na escola? O que ele pretende encontrar? Ou melhor, o que ele veio buscar? Como a escola se posiciona diante das demandas dessa nova configuração societária? Qual o currículo? E o professor, qual é o seu papel nesse contexto? Por onde tem passado a sua formação? Enfim, estamos diante de várias e complexas questões que envolvem o cenário educacional e, consequentemente, a escola, uma vez que ela é o espaço formal e legitimado que fomenta a educação e as relações sociais.

Nossa intenção não é trazer uma resposta pronta, como modelo e/ou como uma "receita de bolo" para cada questionamento elencado. Entendemos que esses questionamentos se articulam entre si e estão imbricados numa reflexão maior: Que sociedade desejamos? Se tivermos a clareza do que queremos (dos nossos objetivos), como educadores, ficará mais fácil pensarmos na escola que desejamos, na escola que queremos construir/transformar/mudar. Como o currículo direcionará nossas ações? E mais ainda, que educadores somos nós? Qual é o nosso posicionamento político diante da realidade excludente e perversa que vivemos no nosso país?

Para início de nossa conversa, gostaríamos de deixar claro, de reiterar e ratificar, que temos um posicionamento político e um compromisso com a educação que perpassa o patamar do fatalismo e do assistencialismo. Perpassa o mundo das ideias, mas não o dos ideais. Perpassa o mundo dos sonhos inalcançáveis e chega ao das utopias realizáveis, como já falamos anteriormente e veremos a seguir.

O nosso compromisso como educador está alicerçado na ação do dia a dia, no chão da escola, no cotidiano da sala de aula, na materialidade das nossas reflexões críticas a partir da nossa prática cotidiana, no desejo da mudança, mesmo que ela seja mínima no momento. Não estamos aqui refletindo distanciados do contexto escolar e nem teorizando sobre a educação. O nosso diálogo é diário, através da prática reflexiva. Estamos inseridos, cotidianamente, nesse universo complexo e entremeado de tensão e conflitos que é a escola.

Nossa posição como educador está vinculada à visão progressista da educação, reconhecendo que é possível a (re)construção de uma educação com a finalidade de uma formação completa, uma formação omnilateral de todos os estudantes deste país. As pessoas não são compartimentadas, fragmentadas – elas são inteiras.

No decorrer deste capítulo colocamos em discussão a globalização e seus efeitos nocivos às práticas sociais, transformando-as em mercadoria. Com efeito, para vislumbrarmos uma formação omnilateral, precisamos entender que o currículo também assume um papel central na vida da escola, pois é através dele que se realiza a mediação entre a escola, cultura, ideologia e a sociedade.

Currículo é um conceito polissêmico. Trata-se, na nossa concepção, de uma produção social e cultural, não sendo, obviamente, uma produção neutra, desinteressada e atemporal. O currículo está imbricado nas relações de poder de um grupo social e, concomitantemente, a educação também se envolve em uma política cultural, o que significa dizer que tanto a educação quanto o currículo são portadores de cultura e trazem no seu bojo uma fundamentação política e ideológica.

Se, em linhas gerais, reconhecemos que educação, currículo, cultura e ideologia estão entrelaçadas, fica-nos um questionamento: Como articular todos esses elementos no contexto escolar?

Percebemos que não há necessidade de traçarmos uma "linha do tempo", apresentando todas as transformações pelas quais passou o currículo. No entanto, parece-nos importante recordarmos que o currículo já foi visto apenas como uma área simplesmente técnica, direcionada para procedimentos, métodos e técnicas que deveriam ser executados na escola para os educandos de acordo com cada momento histórico. O currículo já se configurava como tecnicista nas décadas de 1960 e 1970, lembrando que nesse momento histórico a visão escolar estava pautada na proposta escolanovista, cujo objetivo era preparar o adulto para adequá-lo à sociedade. Desse modo, a escola e o currículo deveriam atender às demandas do capital. Nesse mesmo período, no entanto, em outros países o campo do currículo já adquiria uma visão mais crítica, ou seja, voltada para atender às necessidades das classes menos favorecidas. A escola e o currículo deveriam, nessa concepção, configurarem-se a partir dos interesses dessas classes sociais.

No Brasil, a partir da década de 1980, os estudos sobre o currículo passaram a enfatizar sua relação com as identidades dos grupos sociais – na escola se aprendiam valores. O pensamento curricular era traçado a partir do entendimento das sociedades pós-industrial, moderna e pós-moderna. A sociedade estava produzindo bens simbólicos, mais do que bens consumíveis.

Nesse período também se discutiam as relações entre os saberes científicos, escolares, populares e os saberes do senso comum. Bourdieu, citado por Lopes e Macedo (2005, p. 17), afirmava que "a estrutura do campo científico se define, a cada momento, pelo estado das relações de força entre os protagonistas em luta, agentes ou instituições [...] é pela estrutura da distribuição do capital específico". Delineavam-se, já na segunda metade da década de 1990, as discussões e embates em torno do campo do currículo com uma visão de multiplicidade frente aos processos globalizantes que são característicos da contemporaneidade.

Trouxemos para a nossa reflexão a definição de currículo apresentada por Lopes e Macedo (2005, p. 17), que afirmam que

> o campo do Currículo se constitui como um campo[*] intelectual: espaço em que diferentes atores sociais, detentores de determinados capitais social e cultural na área, legitimam determinadas concepções sobre a teoria de Currículo e disputam entre si o poder de definir quem tem a autoridade na área.

Ora, se o currículo está vinculado ao conhecimento produzido na escola, devemos perceber qual é a cultura que a escola privilegia, ou quais as culturas sobre as quais ela se debruça. Muito tem se discutido a respeito da necessidade do currículo trazer à tona "os silenciados" historicamente, valorizando seu conhecimento e sua cultura. Busca-se, então, um currículo que coloque em "pé de igualdade" todas as culturas e não uma sobre a outra, privilegiando um tipo de cultura em detrimento a outra. O que se almeja é que a escola possa favorecer os diálogos entre as diversas culturas, ou seja, que o currículo seja multifacetado.

Atualmente, então, a discussão em torno do currículo coloca-o inserido também nas questões políticas, sociológicas e epistemológicas, considerando-o como elemento cultural e social. Sendo assim, pensar no currículo dentro da escola, nessa perspectiva, instiga-nos a pensar no "como" ensinar, atrelado ao "por que" ensinar. Imbricado nas relações de poder, o currículo reflete a forma específica e ampliada da organização da sociedade vigente e da educação, e estas direcionam o conhecimento.

Com efeito, ao pensarmos o currículo sem respondermos nossos questionamentos anteriores, este se mantém como técnica, mas, se o pensarmos como um elemento que

* As autoras (Lopes; Macedo, 2005, p. 17) definem campo "como lócus no qual se trava um embate entre atores e/ou instituições em torno de formas de poder específicas que caracterizam a área em questão".

impulsione o nosso fazer de forma crítica, ele ganha outra dimensão. Moreira e Silva (2008, p. 21) afirmam que:

> A Teoria Curricular não pode mais, depois disso, se preocupar apenas com a organização do conhecimento escolar, nem pode encarar de modo ingênuo e não-problemático o conhecimento recebido. O currículo existente, isto é, o conhecimento organizado para ser transmitido nas instituições educacionais, passa a ser visto não apenas como implicado na produção de relações assimétricas de poder no interior da escola e da sociedade, mas também como histórica e socialmente contingente. O currículo é uma área contestada, é uma arena política.

Com efeito, currículo e educação são inseparáveis, são integrados e são partes integrantes de um processo de produção e criação de sentidos, de sujeitos e de significações. Ressaltamos que, na perspectiva que trazemos, a abordagem do currículo, da cultura e de suas ramificações prioriza a cultura como campo de luta, no qual surgem embates e conflitos em relação às concepções de vida social, não estando, portanto, desvinculada da ideia de grupos e classes sociais. Na nossa sociedade, que é dividida em classes sociais, a cultura torna-se campo de luta para a permanência ou superação dessas divisões sociais. Quando fazemos referência às ramificações/desdobramentos da educação, identificamos que é na escola, através do currículo educacional, que se coloca esse conflito.

Mas, cabe-nos uma pergunta: O que ensinar aos nossos meninos e meninas? Se pensarmos estritamente qual conteúdo devemos privilegiar, estamos restringindo-o apenas às capacidades cognitivas. Nosso entendimento sobre o conceito *conteúdo* perpassa tudo que envolve o processo educativo, ou seja, não está ligado somente ao conhecimento de uma determinada disciplina, mas à valorização das outras capacidades, que estão intrinsecamente relacionadas. Ao invés de nos questionarmos sobre o que ensinar, deveríamos perguntar, como sugere Zabala (1998, p. 30), "o que se deve aprender?"

Para respondermos a essa pergunta, devemos priorizar todos os conhecimentos, todos os saberes, todas as técnicas, enfim, ampliar o nosso universo de saberes, sejam eles atitudinais, procedimentais ou conceituais. A partir desses conteúdos, nossa proposta de educação tem outra concepção de aprendizagem. Nessa perspectiva, pensar numa outra proposta educacional é vislumbrar uma aprendizagem mais crítica, é pensar na concepção crítica do currículo com vistas a compreender que este não é estático e nem um simples conjunto de informações e materiais paralisantes, mas sim um lócus de produção cultural. As informações, os materiais e tudo o que envolve o currículo transforma-se em criação, recriação, ressignificação e, principalmente, em contestação, rupturas e mudanças.

Escola: espaço das multiplicidades

No início deste capítulo vimos que a educação esteve sempre atrelada às mudanças e às intempéries econômicas, com a escola inserida nesse contexto. Não trouxemos o assunto *instituição escolar* – a escola, separadamente dos outros desdobramentos – porque entendemos que é nela que tudo (ou nada) acontece. Reconhecemos que a escola é o espaço legitimado e instituído da educação. É o lócus onde ocorrem as aprendizagens, entendendo aqui por aprendizagem todo o processo de relação entre as pessoas, o tempo, o espaço e o meio ambiente. É, enfim, a materialização da educação.

Como não podemos deixar de contextualizar, a escola também passou por significativas mudanças, desde seus objetivos, suas metodologias, suas técnicas, seu currículo, até sua clientela, que por ela foi e é assistida. A escola tornou-se um mecanismo para a permanência dos desníveis sociais. Sendo assim, configura-se, inclusive atualmente, como uma instituição que preconiza, através de seus conteúdos, propostas pedagógicas – inclusive propostas avaliativas, métodos e técnicas para atender à manutenção da sociedade.

Na década de 1970, alguns teóricos, chamados de *críticos-reprodutivistas*, afirmavam que não havia outra função para a escola na sociedade senão reproduzi-la (Kassar, 2004). Assim, contribuíam para a negação da escola como elemento de transformação da sociedade. Essa concepção estabelecia que, como a sociedade é excludente e a escola é parte integrante dela, não há outra alternativa para a escola a não ser refletir a exclusão.

No momento atual, a escola brasileira está descaracterizada das suas finalidades e "despida" da sua própria identidade, consequentemente enfraquecida perante os discursos especulativos e dominadores do poder econômico que direcionam e determinam as suas finalidades. Zanchetta Junior. (2006, p. 383) afirma que "é consensual a ideia de que os organismos oficiais têm aversão à escola politizada, (modelo que amadureceu bastante na experiência com o regime militar) [...] A escola é lugar de ensinar e não de fazer política". Os documentos oficiais referentes às diretrizes curriculares, LDBEN nº 9.394/1996 e Plano Nacional de Educação (PNE) Lei nº 10.172/2001, abordam a importância da informação – ensinar a buscá-la, gerando então um grande descompasso entre informação pura e simplesmente e informação que gera conhecimento e leva à aprendizagem.

Enfatizamos que a escola, como instituição, e principalmente a escola pública, vive atualmente um total sucateamento, por falta de investimentos e de uma política educacional efetiva que respeite a educação como um direito assegurado constitucionalmente. Silva (1999, p. 20) nos alerta que

> as escolas públicas não estão no estado que estão simplesmente porque gerenciam mal seus recursos ou porque os seus métodos ou currículos são inadequados. Elas não têm os recursos que deveriam ter porque a população a que servem está colocada numa posição de subordinação em relação às relações dominantes de poder.

Encontramos em Giroux e Simon (2008, p. 95, grifo nosso) a ratificação desse contexto, quando afirmam que:

> a escola é um território de luta e que a pedagogia é uma forma de política cultural. [...] Defendemos que as escolas são formas sociais

> que ampliam as capacidades humanas, a fim de habilitar as pessoas a intervir na formação de suas próprias subjetividades e a serem capazes de exercer poder com vistas a transformar as condições ideológicas e materiais de dominação em práticas que promovam o fortalecimento do poder social e demonstrem as possibilidades da democracia. Argumentamos a favor de uma pedagogia crítica que leve em conta como as transações simbólicas e materiais do cotidiano fornecem a base para repensar a forma como as pessoas dão sentido e substancia ética às suas experiências e vozes.

O que seria, então, pensar uma escola que tenha nos seus fundamentos pedagógicos uma concepção de educação crítica? Os mesmos autores (2008, p. 96) complementam essa ideia, propondo:

> uma educação que sirva de base para o desenvolvimento de uma pedagogia crítica através das vozes e para as vozes daqueles que são quase sempre silenciados. [...] um apelo para que se reconheça que nas escolas os significados são produzidos pela construção de formas de poder, experiências e identidades que precisam ser analisadas em seu sentido político-cultural mais amplo.

Sendo assim, pensar em uma escola que se proponha a desenvolver todas as capacidades que envolvem o processo de se produzir o conhecimento – os diversos saberes – é caminhar na contracorrente dos "desígnios" de manutenção e reprodução da contemporaneidade. É, consequentemente, propor a formação dos indivíduos na e pela práxis, tendo como principal objetivo a transformação da realidade sócio-histórica. Nessa perspectiva, lembra Mészáros (2005, p. 27), "é necessário romper com a lógica do capital se quisermos contemplar a criação de uma alternativa educacional significantemente diferente".

Nesse contexto, a escola apresenta-se ao mesmo tempo como reprodutora da ideologia dominante e como espaço de luta social na busca da superação da ideologia vigente, não sendo obviamente um espaço neutro e sem tensões e conflitos. Garantindo a escola enquanto lócus privilegiado de educação no seu sentido mais amplo, e de exercício da cidadania e da cultura, asseguramos sua qualidade no que tange aos aspectos relativos ao conhecimento e ao processo de ensino e aprendizagem. Para uma efetiva transformação da escola e de todos os processos que estão envolvidos na concepção da práxis, priorizamos as nossas "utopias realizáveis" na construção de uma escola mais humanitária, elencando algumas ações que no momento nos parecem mais emergenciais. Pensamos em uma escola que possa:

- construir com autonomia que caminho pedagógico seguir;
- planejar atividades vinculadas aos objetivos e desenvolver paralelamente uma avaliação* de cunho formativo;
- favorecer o exercício da cidadania de todos os atores sociais da escola;
- estimular a participação da comunidade local nas atividades festivas com o objetivo de conhecer a realidade local e a identidade cultural dos seus educandos;
- construir com os professores um currículo contextualizado com a realidade dos alunos, com vistas a atender as demandas dos alunos e asseverar o conhecimento oficial, proporcionando o alargamento cultural;
- favorecer a participação de todos** os educadores;
- despertar nos educadores uma postura científica com vistas a se tornarem pesquisadores de sua própria prática;
- entender as diferenças como elemento principal da convivência entre as pessoas;
- propiciar a reflexão coletiva para formulação e implementação da práxis;
- perfilhar o pensamento dialético como forma de combate e superação do senso comum, transformando-o em bom senso;

* Neste livro não trataremos do assunto *avaliação*. No entanto, entendemos que a avaliação é formativa, é processual, é o meio e não um processo de terminalidade.

** Entendemos que *educador* é toda pessoa envolvida no processo educativo, ou seja, merendeiras, porteiros, serventes, inspetores, pessoal de apoio, professores, diretores, assistentes, coordenadores, orientadores, enfim, todos.

- construir a escola a partir da vontade coletiva, tendo como meta a construção de uma sociedade mais justa;
- considerar o sujeito e o objeto do conhecimento numa relação dinâmica e dialética, numa perspectiva de superação da realidade excludente;
- reconhecer que a ação humana é identificada pela criatividade e decisão.

Se fizermos uma reflexão acerca dos itens listados, verificaremos que é possível, com investimento e vontade política, resgatar a função real da escola. Como reafirma este pequeno trecho de um poema que vai ao encontro das ideias de Paulo Freire:

> *Escola é, sobretudo, gente*
> *Gente que trabalha que estuda [...]*
> *O Diretor é gente,*
> *O coordenador é gente,*
> *O professor é gente,*
> *O aluno é gente,*
> *Cada funcionário é gente [...]*
> *É por aqui que podemos começar a melhorar o mundo*
> (Autor desconhecido)*

Não podemos esquecer, obviamente, que o investimento também passa pelas questões salariais dos professores, de uma gestão democrática e de condições reais de trabalho. Acreditamos, ainda, que a escola deva ampliar essa expectativa, permitindo aos alunos se reconhecerem como protagonistas de sua própria história e entenderem o papel que podem desempenhar na mudança da realidade em que vivem.

* Embora muitos atribuam este poema a Paulo Freire, em pesquisas feitas com base em fontes fidedignas, foi constatado que não é da autoria desse educador.

Síntese

Neste capítulo abordamos questões relativas à identidade, ao currículo e à escola, dentro do contexto do ensino fundamental, e vimos como essas questões, em seus aspectos fundamentais, são mais gerais e abarcam todo o processo educativo. Vimos como identidade e cultura são indissociáveis – porém, se por um lado a globalização multiplica as identidades dos sujeitos, ao facilitar o acesso à informação e ampliar as possibilidades de atuação através dos avanços tecnológicos, por outro lado ela tende a unificar a cultura a partir dos modelos e dos interesses dos grupos dominantes. Na escola, a questão da identidade engloba todos os atores sociais envolvidos direta ou indiretamente no processo educativo. Vimos ainda como, se por um lado todos esses sujeitos assumem múltiplas identidades nesse mundo globalizado, por outro, sob a ótica neoliberal que domina o cenário educacional, alunos são vistos apenas como clientes, famílias como parceiros, diretores como gestores e professores como colaboradores, restringindo sua atuação e descaracterizando a função social da escola, dando-lhe um caráter empresarial.

Nesse contexto, discutimos o currículo como um conceito polissêmico: se ele é por vezes apresentado como uma área técnica, direcionado a definir procedimentos, métodos e uma determinada grade de disciplinas, vimos como na verdade é uma produção social e cultural, não sendo, portanto, uma produção neutra e desinteressada – o currículo é uma arena política. Nesse contexto, o conceito de *conteúdo* foi apresentado como algo que envolve todo o processo educativo e não apenas o conteúdo programático de uma determinada disciplina. Dessa forma, o currículo não deve ser visto de forma fragmentada, através das diferentes áreas de conhecimento, mas sim de forma integrada, na qual esses conhecimentos se entrelaçam.

Se todas essas questões são vivenciadas em todos os espaços/tempos, uma vez que a educação não está restrita pelos muros da escola, é a escola, porém, o lócus formal e legitimado pela sociedade para o desenvolvimento do processo educativo. Como professores, a questão da identidade passa pelo posicionamento sobre que escola nós queremos, quem somos enquanto educadores e que currículo privilegiamos para qual sociedade. No nosso entendimento, sobre o qual refletimos neste capítulo, escola, identidade e currículo não podem ser compartimentados, mas precisam ser entrelaçados e pensados em consonância.

Indicações culturais

Sites

ANPED – Associação Nacional de Pós-Graduação e Pesquisa em Educação. Disponível em: <http://www.anped.org.br/>. Acesso em: 18 fev. 2010.

A Associação Nacional de Pós-Graduação e Pesquisa – Anped é uma associação composta por instituições que têm programas de pós-graduação em educação e por professores, pesquisadores e estudantes da área, que se reúnem em Grupos de Trabalho – GTs, organizados por área de conhecimentos, para debater pesquisas científicas e políticas sobre educação, tornando-se referência nacional para educadores. Este site traz inúmeras publicações sobre educação e permite acessar os documentos produzidos pelos diferentes GTs.

REVISTA TEIAS. Rio de Janeiro: Ed. da UERJ. Disponível em: <http://www.periodicos.proped.pro.br/index.php?journal=revistateias>. Acesso em: 18 fev. 2010.

É uma revista eletrônica do Programa de Pós-Graduação em Educação (ProPEd) da Faculdade de Educação da Universidade do Rio de Janeiro, que disponibiliza artigos atuais sobre educação, inclusive sobre currículo, identidade e cultura, privilegiando resultados de pesquisas, monografias, dissertações e teses.

ASSOCIAÇÃO O DIREITO DE APRENDER. Disponível em: <http://www.direitodeaprender.com.pt/index>. Acesso em: 18 fev. 2010.

É uma revista eletrônica de Portugal que apresenta diversos artigos sobre educação, com ênfase na modalidade Educação de Jovens e Adultos. Traz indicações de livros do campo educacional e disponibiliza também os resumos de conferências nacionais e internacionais ligadas a área da educação.

Obras cinematográficas

ENTRE os muros da escola. Direção: Laurent Cantet. Produção: Caroline Benjo e Carole Scotta. França: Imovision, 2008. 128 min.

Filme francês que retrata a complexidade de uma sala de aula e a diversidade cultural dos alunos, desafios que são enfrentados por um professor no seu cotidiano.

SOCIEDADE dos poetas mortos. Direção: Peter Weir. Produção: Steven Haft, Paul Junger Witt e Tony Thomas. EUA: Buena Vista Pictures, 1989. 129 min.

Este filme apresenta as possibilidades que o professor tem, dentro de sua sala de aula, de assumir, com responsabilidade, sua posição de professor reflexivo-crítico, mesmo dentro de uma instituição conservadora.

Atividades de autoavaliação

1. Marque as alternativas corretas:
   a) Educar significa formar cidadãos para assumir responsabilidade diante das questões educacionais.
   b) Educar significa oferecer aos cidadãos conhecimentos e habilidades que permitam a análise do funcionamento da sociedade e a crítica dos modelos produtivos.
   c) A educação está intrinsecamente relacionada com o processo de individualização das pessoas para formar uma sociedade mais justa e igualitária.
   d) A escola atualmente está subordinada aos interesses capitalistas.

2. Na perspectiva de uma educação mais igualitária, coloque V (verdadeiro) ou F (falso) para as afirmativas a seguir e depois marque a alternativa que corresponde à sequência correta:

( ) A escola, no modelo neoliberal, prioriza as classes sociais mais desassistidas.

( ) No contexto neoliberal a escola perde a sua função de prática social.

( ) "O neoliberalismo privatiza tudo, inclusive o êxito e o fracasso escolar".

( ) Não podemos negar os avanços tecnológicos dos últimos tempos.

( ) A escola, no contexto da globalização, não sofre influência do capitalismo.

a) F, F, V, V, F.
b) V, V, V, F, F.
c) V, F, F, V, V.
d) F, V, V, V, F.

3. Marque a alternativa correta:

I. O conceito de *identidade* é polissêmico.

II. A sociedade moderna fragmenta as relações pessoais e sociais.

III. As pessoas de uma sociedade são produto e produtores de cultura.

IV. O sujeito pós-moderno assume identidades que não são unificadas.

a) ( ) Somente a III está correta.
b) ( ) I e III estão corretas.
c) ( ) I, III e IV estão corretas.
d) ( ) Todas as alternativas estão corretas.

4. Marque a alternativa incorreta:

   a) Toda práxis é uma atividade, mas nem toda atividade é práxis.
   b) O currículo é estático e atemporal.
   c) O currículo é uma arena política.
   d) O currículo é uma produção cultural e social.

5. Vimos que a educação sempre esteve atrelada à visão político-econômica vigente. Consequentemente, a escola também não está isenta de interferências associadas às mudanças do país ao longo de sua história. Marque a afirmativa correta.

   a) Podemos afirmar que, atualmente, a escola, através de suas propostas pedagógicas, está voltada a atender aos anseios de uma sociedade igualitária?
   b) É correto afirmar que a escola atual, como lócus legitimado, priorize os conteúdos e os diversos saberes que levam em conta as demandas de uma sociedade igualitária?
   c) As propostas avaliativas, os métodos e técnicas adotados atualmente pela maioria das instituições escolares estão relacionados aos interesses de uma formação omnilateral dos sujeitos envolvidos no processo educativo.
   d) Atualmente, a escola, por meio de seus conteúdos e propostas pedagógicas – inclusive propostas avaliativas, métodos e técnicas de ensino – contribui para a manutenção do *status quo* de uma sociedade não igualitária.

Questões para reflexão

1. Neste capítulo refletimos sobre identidade/identidades-cultura, currículo e escola, assuntos que envolvem o universo escolar. Apresentamos alguns pressupostos para a construção de uma escola mais democrática e mais igualitária. Acrescente mais três sugestões que possam contribuir para a construção de uma escola democrática.

2. Discuta com o seu grupo de trabalho uma proposta curricular para o ensino fundamental que leve em consideração a cultura dos alunos.

Atividade aplicada: prática

1. Observe, nos espaços escolares, como são tratadas as questões de identidade(s) e cultura(s) dos alunos e como o currículo atende às demandas desses alunos. Registre suas impressões no seu diário de bordo. Apresente suas observações para o seu grupo de trabalho e separe-as em aspectos conquistados e a conquistar pela instituição escolar.

3

A formação docente: encantos e desencantos

"Privatizaram sua vida, seu trabalho, sua hora de amar e seu direito de pensar. É da empresa privada o seu passo em frente, seu pão e seu salário. E agora não contente querem privatizar o conhecimento, a sabedoria, o pensamento, que só à humanidade pertence."

(Brecht, 1982)

No decorrer do nosso trabalho fomos fazendo sempre uma contextualização histórica, colocando-a como "pano de fundo" às questões relacionadas ao campo educacional. Neste capítulo não será diferente. Iniciaremos por um levantamento sobre a formação de professores que atuam no ensino fundamental a partir da década de 1990, considerando que foi nessa década que a formação de professores no país passou por um processo de descaracterização da profissão docente. Como vimos no primeiro capítulo, a reestruturação produtiva pela qual o país passava provocou a adequação da educação com vistas a atender aos propósitos de uma economia ancorada nos pressupostos da "agenda neoliberal". Ou seja, como a educação está sobre o "domínio" das (des)orientações do mundo do trabalho, nós, educadores, não estamos de fora dessas mesmas (des)orientações quando elas se referem à educação. Em contraponto a essa visão, discutiremos outra perspectiva de formação docente, que leve em conta o ensino enquanto prática emancipadora e a prática educativa enquanto reflexão, ação e reflexão – a práxis.

As políticas educacionais e a formação de professores

Fazendo um breve passeio histórico pelas políticas educacionais para a formação de professores na década de 1990, encontramos nas pesquisas de Catani, Oliveira e Dourado (2001) e Dourado (2001) a indicação de que as medidas adotadas pelo poder público estavam vinculadas à questão da melhoria da qualidade da educação básica*. Nesse cenário, as modificações na educação básica e as dificuldades apontadas nesse nível de ensino foram relacionadas à má formação do professor, tornando-se esta o elemento central para a proposta de mudanças desenvolvida.

As medidas executadas no campo das políticas de formação de professores, essencialmente em países da América Latina, têm se concretizado sob as orientações dos organismos internacionais e de financiamento, como o Banco Mundial, que se "constituiu como grande definidor da filosofia dos valores, das políticas educacionais e das concepções de conhecimento" (Frigotto, 1995, p. 89). Com o objetivo de adequar a formação de professores e a educação básica às exigências do mercado de trabalho, o Banco Mundial elegeu algumas orientações para a formação de professores para os países periféricos, como é o caso do Brasil. Essas orientações são, segundo Torres (2000):

- Exigências de uma formação em serviço realizada por meio da educação a distância e de programas curtos, considerada fundamental para a melhoria desse nível de ensino.
- Formação complementar à educação, com curta formação inicial, centralizada nos aspectos pedagógicos.
- Contratação de professores com conhecimentos e competências comprovadas (prova nacional aplicada aos docentes).

* A educação básica divide-se em: educação infantil, ensino fundamental e ensino médio.

- Salário docente estritamente vinculado à qualidade docente, baseado na ideia de que o incremento do salário docente, por si só, não tem incidência sobre o rendimento escolar.

Nessa perspectiva, a reforma da educação básica passou a determinar também as diretrizes para as políticas de formação de professores. De forma contraditória, porém, preconizou-se uma concomitante desvalorização da formação do professor voltado para o ensino básico, para o qual não seria necessária uma formação universitária de alto nível. Encontramos em Mello, citada por Freitas (2002, p. 139), a afirmação de que a formação inicial dos professores "deve ter como o primeiro referencial as normas legais e recomendações pedagógicas da educação básica", e ainda que fosse

> inviável para o poder público financiar a preços de universidades "nobres" a formação de seus professores da educação básica que se conta em mais de um milhão. Com um volume de recursos muito menor, um sistema misto de custo baixo, tanto públicos quanto privados, configura um ponto estratégico de intervenção para promover melhorias sustentáveis em longo prazo na escolaridade básica.

Em face do exposto, um dos desafios enfrentados no contexto dos anos 1990 quanto à formação e à profissionalização de professores foi apontado por Frigotto (1995, p. 91) como sendo a tarefa de "ressignificação de um conjunto de categorias e conceitos no campo educacional, que são metamorfoseados e apropriados de forma reducionista pela perspectiva produtivista, em contraposição a uma perspectiva civil democrática". Segundo Singer (1996), a visão civil democrática vê a educação como processo de formação cidadã, enquanto na visão produtivista ela é vista como preparação dos indivíduos para o ingresso, da melhor forma possível, na divisão social do trabalho.

Dourado (2001, p. 51) chama atenção para a necessidade de compreendermos os limites e possibilidades da ação dos professores numa perspectiva crítico-propositivista, ou seja, adverte que "a formação e a profissionalização docente coloca-se como objeto a ser investigado no âmbito das ações e políticas para o setor educacional". Nessa mesma vertente, Gomes e Marins (2004, p. 98) afirmam que

> a profissionalização docente já não pode mais ser entendida apenas por suas características e qualidades no campo profissional, dentro de um conceito restrito de organização do trabalho pertencente a um sistema estruturado, tendo em vista o mercado de trabalho. Deve ser compreendida, antes, como uma questão que envolve o princípio de formação, inicial e contínua, elemento-chave e estratégico de transformação e articulação da ação (docente) com o meio (escola) e da interação das significações partilhadas.

Imersos nesse cenário, o que é ser professor? Este requereria uma significativa mudança nas condições do seu trabalho para que fossem articuladas a reflexão e a prática, mas o que presenciamos são políticas para a formação continuada de professores em ações fragmentadas e isoladas. Como ser reflexivo sob ameaças constantes de desemprego e de desprestígio social do trabalho frente a "novas" demandas da sociedade contemporânea? Nosella (2002, p. 160) nos lembra que "a escola do século XXI precisa ensinar a seus alunos que as distinções e os sentidos do trabalho mudam ao longo da história".

A formação e, consequentemente, a profissionalização* de professores deve ser pautada em uma perspectiva contra-hegemônica, ou seja, na linha apresentada por Frigotto (1995, p. 92), centrada em uma "concepção *omnilateral* de dimensões a serem desenvolvidas que envolvem o plano de conhecimento histórico-científico e, igualmente, os planos biopsíquico, cultural, ético-político, lúdico e estético", conforme nos referimos no capítulo anterior.

* "Segundo Sacristán (1999, p. 65-67), 'o conceito de profissionalidade docente está em permanente elaboração, devendo ser analisado em função do momento histórico concreto e da realidade social que o conhecimento escolar pretende legitimar; em suma, tem que ser contextualizado'. Acrescenta ainda que a imagem da profissionalidade ideal é 'configurada por um conjunto de aspectos relacionados com os valores, os currículos, as práticas metodológicas ou a avaliação'"(Couto; Bomfim, 2008).

A nossa concepção de formação e profissionalização dos professores perpassa pelo reconhecimento do professor como indivíduo que se relaciona com a natureza, com os outros indivíduos e consigo mesmo. Sendo assim, acreditamos que sua vivência acontece por meio de atividades, da ação, da prática, da interação e da intervenção, em que essas relações se fundem e se materializam com o pertencimento do indivíduo à realidade. Isso exige que o professor, na sua formação, tenha a percepção e consciência da realidade que constitui a especificidade da sua função.

Nesse sentido, segundo Pimenta (1992, p. 36), o professor precisa ter uma "sólida fundamentação teórica, que lhe permita interpretar e direcionar essa realidade, e uma consistente instrumentalização, que lhe permita interferir na realidade em que atuará". É nessa relação de pertencimento que o indivíduo atua com a natureza, por meio do seu trabalho, com a sociedade, por sua atuação social, e consigo mesmo, pela formação de sua subjetividade. O saudoso Gramsci, citado por Kassar (2004, p. 519), nos lembra que "o início da elaboração crítica é a consciência daquilo que somos realmente [...] um 'conhece-te a ti mesmo' como produto do processo histórico até hoje desenvolvido". No entanto, a partir de uma compreensão do mundo a escola pode propiciar aos seus educandos e educadores a possibilidade de elaboração e coerência de pensamentos, buscando o equilíbrio entre o pensar e o fazer/realizar.

No obstante, ainda não encontramos o equilíbrio e por isso a dimensão a ser considerada para a formação de professores é a ressignificação. Uma ressignificação que perpasse uma prática que organize o trabalho escolar em todas as suas dimensões e que reelabore os conhecimentos para que ocorra a aprendizagem dos alunos (Nóvoa, 2001). Uma prática voltada não somente para os conteúdos, mas que valorize também as formas metodológicas baseadas em práticas transformadoras que permitam a utilização do conhecimento sócio-histórico e científico-tecnológico, favorecendo aos alunos uma intervenção crítica na realidade a partir da criação de novos conhecimentos. Evidencia-se, assim, a necessidade do domínio teórico-prático do professor.

Contudo, acreditamos que a formação de professores na perspectiva de práticas transformadoras deve estar respaldada pela teoria crítica que, segundo Nobre (2004, p. 9), "não pode se confirmar senão na prática transformadora das relações sociais vigentes. As ações a serem empreendidas para a superação dos obstáculos à emancipação constituem-se em um momento da própria teoria". A teoria crítica condensa questões teóricas e práticas, salientando que o trabalho do professor é sempre vinculado com contextos políticos e socioculturais, que ele está inserido na dialética entre a ação instrumental e comunicativa e que ele precisa, no contexto teórico, de uma cultura crítica que propicie a sua autonomia (Market, 2002).

A prática transformadora – a práxis – nos remete a Freire (1996, p. 42-43), que a denomina de *pensar certo*, o que "envolve um movimento dinâmico, dialético entre o fazer e o pensar sobre o fazer". O conceito de práxis que privilegiamos no nosso texto é o apresentado por Konder (1992, p. 115), que afirma ser ela uma

> Atividade concreta pela quais os sujeitos humanos se afirmam no mundo, modificando a realidade objetiva e, para poderem alterá-la, transformando-se a si mesmos. É a ação que, para se aprofundar de maneira mais consequente, precisa da reflexão, do autoquestionamento, da teoria; e é a teoria que remete à ação, que enfrenta o desafio de verificar seus acertos e desacertos, cotejando-os com a prática.

É também o conceito apresentado por Sánches Vázquez (2007, p. 28), segundo o qual ela "ocupa o lugar central da filosofia que se concebe a si mesma não só como interpretação do mundo, mas também como elemento do processo de sua transformação". Entendemos, juntamente com esses autores, que "na formação permanente de professores, o momento fundamental é o da reflexão crítica sobre a prática" (Freire, 1996, p. 43).

Diversas pesquisas têm sido realizadas sobre a prática docente, quanto às suas atribuições no cotidiano da escola, quanto às metodologias e técnicas educativas que envolvam e desenvolvam os aspectos cognitivos dos nossos meninas e meninos. Essas nos instigam a pensar: O que ensinar? Como ensinar?

Nessa perspectiva, o conceito de professor reflexivo foi disseminado no país a partir da pesquisa de Schön (1992). O autor afirma que o espaço pedagógico é factível de situações singulares e incertas e que exige do professor a recriação, a partir de experiências vivenciadas e refletidas sobre o que faz. Schön propõe uma formação para o professor baseada na valorização da prática profissional como construção de conhecimento, por meio da reflexão. Prioriza o conhecimento tácito, o conhecimento que está implícito, interiorizado no professor, que está na ação para resolver os problemas momentâneos, mobilizando os profissionais e delineando as ações em hábito. Denomina esse movimento de *reflexão sobre a reflexão na ação*.

Autores como Zeichner (1993), Contreras (2002) e Giroux (1997) fazem uma crítica sobre a perspectiva de Schön, a qual apresenta uma excessiva valorização do professor na identificação e interpretação de situações problemáticas que transitam em sua prática. Para esses autores, a atividade reflexiva não pode ser uma manifestação isolada e individual. Afirmam que a prática reflexiva é uma prática social, que deve ser desenvolvida como ação compartilhada coletivamente.

No entanto, a concepção de professor reflexivo na contemporaneidade perpassa pela necessidade de aprimoramento profissional individual. Este se dá na busca por cursos de formação continuada que abarquem inúmeros conhecimentos e saberes, ideias que atualmente estão sendo substituídas pelo conceito de *competências no campo educacional*, visando à qualificação para o mundo do trabalho. Nessa perspectiva, "competências, no lugar de saberes profissionais, desloca do trabalhador para o local de trabalho a sua identidade, ficando este vulnerável à avaliação e controle de suas competências, definidas pelo 'posto de trabalho'" (Pimenta, 2005, p. 42).

Para a ampliação dos saberes, de forma a abranger todos os recursos cognitivos que um professor mobiliza para agir, Perrenoud (1999, p. 7) propõe o uso do termo *competência*. Segundo o autor, são múltiplos os significados da noção de *competência*, que ele define como sendo "uma capacidade de agir eficazmente em um determinado tipo de situação, apoiada em conhecimentos, mas sem limitar-se a eles". Para Perrenoud, as situações do cotidiano devem ser enfrentadas pondo-se em "ação e em sinergia vários recursos cognitivos complementares, entre os quais estão os conhecimentos".

Não obstante, o discurso sobre competências, no nosso entendimento, traz no bojo da sua concepção a ideologia de mercado, que aligeira o trabalho do professor, reduzindo sua formação a treinamento e transformando-o em "tarefeiro" (Couto, 2007), ou seja, aquele que executa uma tarefa, sem autoria e sem autonomia do seu pensar/fazer/pensar de ser professor.

Neste momento, faz-se necessário discutirmos o conceito de *competência*, pois no Brasil ele aparece como norteador nos documentos oficiais* que sustentam as diretrizes da formação inicial dos professores da educação básica, implementada no país durante os anos 1990. Cabe-nos refletir sobre o termo *competências*, que circula no campo educacional como se a ele sempre pertencesse. No nosso entendimento, esse conceito representa uma ressignificação de teorias e práticas educacionais a partir de experiências vivenciadas em outras realidades, realidades de outros países, sendo, portanto, um conceito importado para o nosso país.

* Na LBDEN nº 9.394/1996, nos dispositivos de regulamentação no que tange à educação profissional, na Lei nº 2.208/1997, nas Diretrizes Curriculares para a Educação Profissional e nos Referenciais para a Formação de Professores.

Embora saibamos que o conceito *competências* é polissêmico, ele tornou-se um "divisor de águas" no campo educacional, gerando divergência entre diversos autores. Zarifian (2001) e Perrenoud (1999) defendem esse conceito sem ressalvas, enquanto Machado (1998), Moraes (2001) e Ferretti (2004) combatem sistematicamente, afirmando que ele foi transposto de forma aligeirada do mundo do trabalho para o da educação.

Autores como Kuenzer (2003), Deluiz (2001) e Market (2002) defendem o conceito no qual o trabalhador passa a ser definido por um agrupamento de ocupações que exigem competências semelhantes, significando uma "qualificação real do trabalhador". É compreendido, nessa perspectiva, como um "conjunto de competências e habilidades, saberes e conhecimentos, que provem de várias instâncias, tais como, da formação geral (conhecimento científico), da formação profissional (conhecimento técnico) e das experiências de trabalho e social (qualificação tácita)" (Deluiz, 1996, p. 3).

A competência profissional do professor está pautada no seu domínio adequado da ciência, da técnica e da arte de ser professor, que não se desvincula de sua pessoa, de seus saberes e de seu trabalho. A partir dessa acepção, portanto, a formação para professores deve voltar-se também para o desenvolvimento de uma ação educativa que propicie aos alunos uma compreensão, uma inserção crítica e reflexiva da sociedade em que vivem.

Sendo assim, exercer a função de professor não está apenas resumido à aplicação de técnicas e de atividades previamente estabelecidas. A complexidade do contexto ao qual estão submetidos os professores requer desses profissionais a mobilização dos saberes teóricos e práticos capazes de favorecer o desenvolvimento de sua formação profissional como processo contínuo. O professor é um profissional que traz o seu conhecimento e a sua experiência para desempenhar sua função nos diversos contextos pedagógicos práticos e esses conhecimentos e experiências não podem ser desprezados. Sendo assim, nos reportamos à Almeida (2006, p. 179), segundo o qual:

> Contextualizar a formação no âmbito do processo de desenvolvimento profissional dos professores decorre do entendimento de que a formação se processa como algo dinâmico, que vai além dos componentes técnicos e operativos normalmente impostos aos professores pelas autoridades competentes, que não levam em conta a dimensão coletiva do trabalho docente e as situações reais enfrentadas por esses profissionais em suas práticas cotidianas. Essa contextualização também propicia um caráter mais orgânico às varias etapas formativas vividas pelo professorado, assegurando-lhes um caráter contínuo e progressivo.

Nossa preocupação repousa sobre o pensar e o fazer do professor no seu ofício, pois suas atribuições para o exercício de sua função requerem envolvimento e participação na elaboração, na definição e na reinterpretação do seu cotidiano escolar, a partir do que pensam, acreditam, valorizam e fazem na interação com seus alunos, com seus pares e nas ações historicamente contextualizadas. Os saberes vão para além do ato de executar uma função – requerem avaliação, criticidade e superação.

De acordo com Thuler (1994, p. 33), "a mudança em educação depende daquilo que os professores pensarem dela, do que dela fizerem e da maneira como eles conseguirem construí-la ativamente". No nosso entender, contudo, a mudança em educação ocorrerá no momento em que os professores forem envolvidos e ouvidos na elaboração de reformas educacionais e que lhes seja assegurado um programa de formação continuada articulado com o desenvolvimento profissional, que os prepare para atender e responder aos desafios da contemporaneidade.

Nesse cenário, colocamos em pauta a necessidade de uma ressignificação da política de formação de professores. A necessidade de uma formação que valorize o professor como sujeito reflexivo, que articula os diversos saberes científicos e pedagógicos e que é capaz de refletir sobre a sua prática de sala de aula e de seu cotidiano escolar, como agente de transformação e de mudanças numa dimensão mais humanitária, atuando em um sentido criador e revolucionário (Couto, 2007). Hoje, mais do que nunca:

> Os homens precisam esclarecer teoricamente sua prática social e regular conscientemente suas ações como sujeitos da história. E para que essas ações se revistam de um caráter criador, necessitam também – hoje mais do que nunca – de uma elevada consciência das possibilidades objetivas e subjetivas do homem como ser prático, ou seja, uma verdadeira consciência da práxis. (Sánches Vásquez, 2007, p. 57)

Sendo assim, ao pensarmos na prática educativa a partir da consciência de que os nossos alunos são sujeitos da história, com possibilidades de se reinventarem e recriarem no mundo que estão inseridos, a nossa prática tomará outro rumo, terá outra finalidade, assumirá outro compromisso, configurar-se-á em outra maneira de aprender, entendendo, portanto, que a nossa função enquanto educador vai além do ensino de qualquer conteúdo e/ou disciplina.

Presenciamos que a nossa prática educativa está muito arraigada na técnica pedagógica. Queremos chamar atenção dos nossos leitores e leitoras, que atuam com os nossos meninos e meninas no contexto do processo educativo, que se desenvolve na escola e mais especificamente na sala de aula, para uma reflexão acerca de suas práticas educativas. Avaliá-las é o primeiro passo para uma mudança significativa de atuação.

Muitos de vocês podem não estar ainda no contexto da escola e nem vivenciando a complexidade do cotidiano da sala de aula, mas o convite é o mesmo: pensar na prática pedagógica, na sua atuação pedagógica, com vistas a priorizar o processo educativo no seu sentido mais amplo da palavra. Reconhecer que a sua formação é inacabada e dinâmica, que vai além dos domínios das técnicas operatórias.

Cabe-nos ressaltar que em nenhum momento temos a intenção de colocar sobre os ombros dos professores, ou seja, colocar sobre os nossos ombros, a redenção de todos os problemas sociais, todos os problemas que envolvem os processos de aprendizagem, e muito menos a responsabilidade de resolver os problemas dos direitos sociais básicos com um "passe de mágica". No entanto, a nossa reflexão está debruçada na interseção da pessoa do professor com seus saberes, sua história e seu oficio de ser professor, considerando que essa confluência influencia na sua prática pedagógica e, consequentemente, no processo de aprendizagem de seus educandos. Nossa intenção é convidar os professores a repensar a sua prática pedagógica, que vai além de ensinar conteúdos, mas também repensar sua condição profissional em um mundo que está posto e que é mutante.

Reconhecemos que a prática profissional do professor também se dá no cotidiano da sala de aula. Cabe-nos, contudo, no nosso entendimento, ressaltar a diferenciação entre prática e técnica pedagógica. Enquanto a prática reflexiva tem como objetivo a transformação individual e coletiva dos indivíduos, numa perspectiva questionadora sobre o mundo, a técnica é um conjunto de atividades pedagógicas – ambas contribuem para o cotidiano da sala de aula e não podem ser desprezadas.

Reafirmando as nossas convicções, encontramos em Patto (2004, p. 69) a afirmação de que para educar na perspectiva da emancipação humana "é preciso romper com a educação enquanto mera apropriação instrumental técnico e receituário para a eficiência". A educação para a emancipação historicamente possível nos exige uma atitude filosófica, ou seja, uma atitude de questionamentos e reflexão da realidade.

O exercício da reflexão crítica nos confronta ainda com a construção sócio-histórica da realidade e, a partir de então, começamos a reconhecer o nosso "papel" nesse contexto. Teóricos como Mészaros (2005), Coraggio (2000) e Torres (2000) nos apresentam o contexto sócio-histórico em que estamos inseridos de forma clara e ao mesmo tempo assustadora, diante de uma conjuntura social excludente que permeia o campo da educação. Perceber esse contexto é o primeiro passo para uma mudança de postura fatalizante – "sempre foi assim mesmo" – tanto por parte dos alunos como por parte dos professores, e para um posicionamento crítico perante a realidade.

A sala de aula é o lócus ideal para mudanças e posicionamentos.

> Para que mudanças ocorram de forma significativa, é necessária outra forma de atuação dos educadores. Uma atuação mais participativa, por parte de alunos e professores, para a construção de um conhecimento que faça sentido e que tenha significado para os atores sociais envolvidos nesse processo. (Couto; Bomfim, 2008, p. 9)

O que acreditamos é que o professor deve partir do conhecimento do aluno, dos nossos meninos e meninas, e ampliá-lo para que ele possa se reconhecer participativo e sujeito do processo de aprendizagem. Para tal, é fundamental que também se reconheça como aprendiz e que se permita aprofundar seu conhecimento sobre as teorias educacionais, em um processo de atualização constante e de alargamento cultural.

Em consonância com nossa percepção sobre a formação de professores, encontramos nas afirmações de Sacristán e Pérez Gómez (2005, p. 82) que a "a prática educativa não pode ser técnica pedagógica, porque não está baseada no conhecimento científico. A prática pedagógica é uma práxis, não uma técnica. E investigar sobre a prática não é o mesmo que ensinar técnicas pedagógicas". É importante perceber que a insistência na técnica e a ausência da prática reflexiva crítica reforçam e ajudam a manter, ainda que de forma velada, as propostas das políticas neoliberais para a educação, nas quais o conhecimento é visto como produto e aprendizado de técnicas.

Não obstante, para nós, no nosso entendimento, teoria e prática não são simplesmente sobrepostas; pelo contrário, elas se colocam numa relação dialética, num "ir e vir" constante. Em concordância, Sacristán e Pérez Gómez (1998, p. 78) afirma que:

> A possibilidade da teoria fecundar a prática é limitada. Pelo contrário, é necessário incentivar a aquisição de uma consciência progressiva sobre a prática, sem desvalorizar a importância da contribuição teórica. Neste sentido, a consciência sobre a prática surge como ideia – força condutora da formação inicial e permanente dos professores. Esta afirmação não pretende corroborar o sentimento, muito corrente no seio dos professores, de que a teoria é irrelevante. Trata-se, apenas de recusar uma linearidade (unívoca) entre o conhecimento teórico e a ação prática.

Defendemos a ideia de que a teoria sozinha de nada adianta – ela necessita da prática do professor. Todavia, não nos limitamos somente ao universo escolar – nossa perspectiva de reflexão e ação está alicerçada numa dimensão de teoria crítica que envolva e comprometa os profissionais da educação – os professores como intelectuais críticos inseridos num contexto cultural, histórico, político, econômico e social que vislumbrem uma formação emancipatória e revolucionária.

Sabemos que não é fácil pensar e realizar, na prática, no cotidiano da sala de aula, uma prática educativa que abarque todas as nossas reflexões até o presente. Embora a nossa intenção não seja apresentar uma "receita de bolo", e nem acreditamos que é possível fazê-lo, cabe-nos, no entanto, pensarmos juntos no como. Que estratégias podemos desenvolver no nosso cotidiano que favoreçam uma prática pedagógica na perspectiva do desenvolvimento da práxis? Dialogando com as propostas pedagógicas de Freire, elaboramos alguns pressupostos que nos ajudam a nortear a nossa reflexão – ação – reflexão no nosso cotidiano de sala de aula. Cremos que o educador precisa:

- problematizar e questionar a realidade – para isso o educador tem que ter clareza sobre qual a realidade em que ele se encontra e qual realidade ele deseja ao transformar ou reestruturar;

- estabelecer uma relação dialógica, ou seja, priorizar o diálogo entre seus pares, inclusive com os meninos e meninas, nossos alunos;
- focar no conhecimento como dimensão também do sentimento, da aceitação do outro, e estabelecer a relação e a interação a partir de uma relação dialética;
- enaltecer a amorosidade nas relações humanas e com o conhecimento;
- entender que fazer revolução é processo de mudança – no sentido democrático, propicia uma reconstrução do poder estabelecido pelas novas formas de relação entre os pares, ou seja, revolução não é ruptura;
- dialogar – esse é o princípio de tudo, é a necessidade ontológica do ser humano;
- encontrar na utopia uma das "portas de saída" para a mudança da realidade;
- propor situações que ponham em conflito as crenças, os valores do grupo e trazer à tona a reflexão isenta de julgamentos e pré-conceitos, respeitando pontos de vistas diferentes, respeitando as diferenças;
- levar em conta as características, os interesses dos alunos, o que desejam aprender;
- reconhecer no aluno um agente ativo de conhecimento e de aprendizagem;
- estabelecer uma relação de respeito e cuidado com todos, inclusive com os alunos;
- reconhecer-se como aprendiz;
- fazer do cotidiano o espaço de participação;
- estimular a autonomia dos alunos, ou seja, possibilitar que aprendam em interação com os outros alunos e com o mundo;
- estabelecer grupos de trabalhos para que os alunos possam trocar, debater e obter um consenso (ou não) do grupo;

- favorecer um ambiente do saber ouvir, respeitar a fala do outro;
- ser mediador do processo de aprendizagem.

Sabemos que é impossível prevermos o que acontecerá no cotidiano, mas é justamente a imprevisibilidade que nos possibilita pensar nas estratégias, nos instrumentos que poderão aparecer no meio do caminho da aprendizagem. Salientamos que o universo da sala de aula é imprevisível, característica da qual nossa atuação em sala de aula não pode padecer. O exercício docente não pode ser solto, um "deixar fluir", um *laissez-faire*. Muito pelo contrário, nossos alunos precisam reconhecer em nós uma "autoridade coerentemente democrática" (Freire, 1996). Isso quer dizer que eles precisam ser estimulados a exercitarem a sua liberdade e nós, professores, precisamos apostar nessa liberdade, com o propósito de responsabilizá-los pelas ações que ela proporciona. Acreditamos que pequenas atitudes, no cotidiano, contribuem para a mudança, mesmo que a longo prazo, da postura do aluno que se tornará um adulto e que irá interferir na sociedade em que vive.

Com efeito, apreender no cotidiano da sala de aula presume que a atividade do professor não pode perder de vista a totalidade da realidade na qual a escola está inserida. Encontramos em Pimenta, citada por Ghedin (2006, p. 237), "que o saber docente não é formado apenas na prática, sendo também nutrido pelas teorias da educação. A teoria tem importância fundamental na formação dos docentes, pois dota os sujeitos de variados pontos de vista para uma ação contextualizada". Nessa perspectiva, o professor adquire os elementos necessários para a compreensão dos contextos históricos, sociais, culturais e da sua própria prática pedagógica.

No nosso entendimento, o professor transformador, que tem sua prática pautada na reflexão crítica, é comprometido com o ensino como prática emancipadora e com uma atuação na sociedade visando à justiça e à igualdade. É um professor que acredita na democracia e que se envolve na melhoria da qualidade da vida humana (Giroux, 1997).

Os professores comprometidos com a sua prática numa perspectiva mais humanitária têm o entendimento do seu "inacabamento" (expressão utilizada por Paulo Freire) como ser humano e consequentemente como professor. Freire (1996, p. 106) corrobora nossa afirmação quando diz: "me movo como educador porque, primeiro, me movo como gente". Sendo assim, o que vislumbramos é que a prática pedagógica do professor esteja alicerçada no seu posicionamento diante do mundo. Não entendemos que o profissional da educação, ou qualquer outro profissional, se "descole" do seu "eu", deixando-o "de fora" para assumir o contexto da vida profissional, ou vice-versa. Conhecer o homem é, antes de qualquer coisa, colocá-lo no universo e não separá-lo dele. Sendo assim, pensar na nossa condição humana é enredar primeiro nossa posição no mundo, reconhecendo-nos como seres ao mesmo tempo singulares e múltiplos. Integrar o homem nas suas atividades profissionais e de prazer tornou-se o grande desafio da educação.

Finalizamos então nosso diálogo sobre a formação do professor com outra citação de Freire (1996, p. 25), na qual ele nos lembra que ensinar

> não é transferir conhecimento, conteúdos, nem formar é ação pela qual um sujeito criador dá forma, estilo ou alma a um corpo indeciso e acomodado. Não há docência sem discência, as duas se explicam e seus sujeitos, apesar das diferenças que os conotam, não se reduzem à condição de objeto, um do outro. Quem ensina aprende ao ensinar e quem aprende ensina ao aprender.

Síntese

Neste capítulo discutimos a formação de professores para o ensino fundamental. Iniciamos abordando o contexto político-econômico recente que definiu a orientação governamental a esse respeito. Dentro da visão neoliberal, e sob a orientação do Banco Mundial, a má qualidade do ensino estaria vinculada à má formação docente, que deveria ser compensada por uma formação em serviço de curta duração. Ao mesmo tempo, seguindo essa orientação, presenciamos a desvalorização do professor do ensino fundamental, para o qual não seria necessária uma formação universitária de alto nível e cuja remuneração adequada não estaria vinculada à melhoria do ensino. Dentro desse contexto, discutimos então o que seria ser professor, que professor formar e qual a prática educativa desse professor. A ótica mercadológica responde a essas questões a partir do conceito de *competências*, o que resulta em um professor cuja prática está associada à execução de técnicas pedagógicas: o professor tarefeiro.

Vimos então uma forma alternativa, a partir de uma formação docente que estimule a prática reflexiva crítica. Dentro dessa perspectiva, o professor com uma sólida formação teórica pode refletir sobre sua prática, em uma relação dialética no contexto da práxis, favorecendo assim uma intervenção crítica na realidade. Discutimos, então, e propusemos, uma formação que valorize o professor como um sujeito que articula os diversos saberes científicos e pedagógicos e que, no seu cotidiano escolar, atue como agente de mudanças da realidade, em busca de uma dimensão humanitária, em um sentido criador: o professor transformador.

Indicações culturais

Sites:

ESCOLA NET. Leitura. Disponível em: <http://www.escolanet.com.br/sala_leitura/sites_educ.html>. Acesso em: 25 fev. 2010.

A seção do site *indicado apresenta* links *para diversos outros sites relacionados à educação de modo geral, incluindo a formação de professores.*

TRABALHO NECESSÁRIO: revista eletrônica do Neddate – Núcleo de Estudos, Documentação e Dados em Trabalho e Educação do Programa de Pós-Graduação em Educação da Universidade Federal Fluminense, Rio de Janeiro. Disponível em: <http://www.uff.br/trabalhonecessario/>. Acesso em: 25 fev. 2010.

Traz artigos relacionados à formação humana e às práticas educativas que acontecem nos diferentes espaços educacionais. Apresenta, também, outros links *para sites relacionados à educação em geral.*

Obras cinematográficas

ESCRITORES da liberdade. Direção: Richard LaGravenese. Produção: Danny DeVito, Michael Shamberg e Stacey Sher. EUA: Paramount Pictures Brasil, 2007. 123 min.

Filme sobre uma professora que trabalha em uma escola na periferia dos EUA e consegue ensinar aos seus alunos valores como tolerância, gentileza, respeito, disciplina, compromisso..., mudando o cenário da escola e, consequentemente, toda a comunidade local.

PRO DIA nascer feliz. Direção: João Jardim. Produção: Flávio R. Tambellini e João Jardim. Brasil: Copacabana Filmes, 2007. 88 min.

Este documentário apresenta relatos de adolescentes ricos e pobres do Rio de Janeiro, São Paulo e Pernambuco que estudam em colégios da periferia e em escolas particulares. Os relatos dizem respeito aos problemas que eles enfrentam dentro da escola, como preconceito e violência. O filme ainda discute a esperança desses alunos para a mudança dessa realidade.

Atividades de autoavaliação

1. Marque as alternativas corretas:
   a) A reforma da educação básica da década de 1990 determinou as diretrizes para as políticas de formação de professores.
   b) A reestruturação produtiva ocorrida nos anos 1990 provocou adequação da educação com o objetivo de atender à "agenda neoliberal".
   c) O Banco Mundial adequou a formação de professores da educação básica às exigências do mercado de trabalho.

d) As diretrizes apresentadas pelo Banco Mundial valorizaram a formação do professor, inclusive propondo aumento salarial.

2. Marque a alternativa incorreta:

a) A profissionalização docente dever ser compreendida como uma questão que envolve o princípio de formação inicial e continuada, elementos-chave e estratégicos de transformação e articulação da ação (docente) com o meio (escola).

b) O professor necessita ter uma percepção e uma consciência da realidade, ou seja, precisa interpretá-la, ato que se constitui na especificidade da sua função de professor.

c) A teoria crítica condensa questões teóricas e práticas, salientando que o trabalho do professor não está vinculado a contextos políticos e socioculturais.

d) Quando nos referimos à práxis, entendemo-la como prática transformadora.

3. Coloque V (verdadeiro) ou F (falso) para as afirmativas a seguir e, em seguida, marque a alternativa que corresponde à sequência certa:

( ) O professor deve valorizar não apenas um aprendizado de conteúdos, mas também favorecer uma formação omnilateral de seus alunos.

( ) A práxis não pode ser entendida apenas como prática pedagógica, mas sim como uma ação reflexiva crítica sobre sua atuação no cotidiano da sala de aula.

( ) Schön (1992) propõe uma formação para o professor baseada na valorização da prática profissional como construção de conhecimento através da reflexão.

( ) A concepção de professor reflexivo na contemporaneidade perpassa pela necessidade de aprimoramento profissional individual.

( ) A prática reflexiva é uma prática social que deve ser desenvolvida como ação isolada, individualizada.

a) V, V, V, V, F.
b) F, F, F, F, V.
c) V, V, V, F, F.
d) F, V, V, F, F.

4. Marque a alternativa correta:

É importante que o professor também se reconheça como aprendiz no processo de ensino e aprendizagem?

a) Não. É importante que o professor se posicione como detentor do conhecimento no processo ensino-aprendizagem.
b) Não. É importante que o professor assegure aos alunos que o processo de ensino-aprendizagem faz parte do desenvolvimento dos alunos.
c) Sim. Acreditamos que o professor também é aprendiz, principalmente das teorias educacionais, em um processo de atualização constante.
d) Sim. Reconhecemos que o professor é aprendiz na medida em que ele troca de lugar com o seu aluno, minimizando as diferenças do saber.

5. As medidas executadas no campo das políticas de formação de professores, essencialmente em países da América Latina, têm se concretizado sob as orientações dos organismos internacionais e de financiamento, como o Banco Mundial. Marque a alternativa incorreta:

a) As propostas do Banco Mundial vão ao encontro das atuais políticas econômicas.
b) O objetivo do Banco Mundial é adequar a formação de professores e a educação básica às exigências do mercado de trabalho.
c) Uma das orientações do Banco Mundial para a formação de professores é de contratar professores com conhecimentos e competências comprovadas (prova nacional aplicada aos docentes).
d) Uma das propostas do Banco Mundial é que o salário dos professores está intrinsecamente ligado à melhoria da qualidade do trabalho e do tempo disponibilizado pelo professor para elaboração de suas atividades pedagógicas.

Atividades de aprendizagem

Questões para reflexão

1. Escreva quatro sugestões que possam contribuir para a reflexão – ação – reflexão no cotidiano da escola.

2. Que propostas poderíamos elencar para uma política da formação docente dentro de uma visão omnilateral do sujeito?

Atividade aplicada: prática

1. Registre no seu diário de bordo, sobre o cotidiano da escola, momentos observados em que os professores estimulam a formação omnilateral dos seus alunos. Se for necessário, pergunte diretamente ao professor como na prática cotidiana é possível priorizar a formação integral dos educandos.

Considerações finais

Neste trabalho trouxemos para os nossos leitores e leitoras a importância da educação no nosso país como prática social, que se estabelece nas relações políticas, econômicas, sociais, culturais e educacionais.

Situamos historicamente todo o caminho percorrido pela educação no Brasil até os dias atuais e a fragilidade da educação básica, mais especificamente do ensino fundamental, diante dos acelerados avanços do conhecimento científico e tecnológico. Paradoxalmente, presenciamos, em paralelo a esses avanços, o descaso com os direitos sociais, entre eles o da educação básica.

Identificamos a diferença entre *informação* e *conhecimento*, palavras da moda no cenário educacional, e nesse mesmo contexto reconhecemos a nossa identidade, numa tentativa de encontrar nossos pares através da cultura, que segundo Morin (2002, p. 56):

> é constituída pelo conjunto dos saberes, fazeres, regras, normas, proibições, estratégias, crenças, ideias, valores, mitos, que se transmite de geração em geração, se reproduz em cada indivíduo, controla a existência da sociedade e mantém a complexidade psicológica e social. Não há sociedade humana, arcaica ou moderna, desprovida

de cultura, mas cada cultura é singular. Assim, sempre existe cultura nas culturas, mas a cultura existe apenas por meio das culturas.

Nesse contexto, a escola torna-se o lócus ideal de convivência e entendimento das diversas culturas. Ela propicia o encontro entre diversos saberes, desde que tenha como finalidade a prática transformadora – caso contrário apenas mantém e reproduz a ideologia vigente.

Para que a escola tenha como finalidade a prática transformadora, ela precisa reconhecer no currículo o caminho para atingir sua finalidade. Nessa discussão, fizemos uma breve excursão histórica com vistas a reconhecer que o currículo não é neutro, atemporal e muito menos desinteressado – ele representa poder. Ainda, representa os "espaços/tempos" de uma determinada proposta educacional. Na verdade, o que consideramos fundamental na questão de definição do currículo não é apenas o que ensinar ao educando, o conteúdo, mas também o que e como fazê-lo aprender, ou seja, os procedimentos atitudinais e procedimentais, o saber fazer – enfim, os diversos saberes que circulam no cotidiano escolar.

Ao discutirmos essa questão, deparamo-nos com a nossa formação enquanto profissionais da educação. Percebemos a necessidade de pensarmos a nossa prática na perspectiva da práxis, saindo da mera execução das técnicas, tão preconizadas na atualidade devido à influência dos organismos internacionais que ditam as regras para a educação. Nesse caminho, propomo-nos também a uma reflexão sobre a prática dos professores, numa perspectiva que ultrapasse os muros escolares. Uma perspectiva que valorize o conhecimento dos alunos, também produtores e produto de cultura, e que priorize os conteúdos a partir das necessidades desses alunos, sem esquecer ao mesmo tempo a ampliação deste universo de aprendizagem que existe dentro e fora do espaço escolar.

Vislumbramos também uma formação do professor que seja alimentada pela dimensão mais humanitária e sua atuação, com os meninos e meninas, alicerçada no diálogo e na amorosidade. Se a educação é rizomática, com todos os seus aspectos interligados como em uma rede, os assuntos por nós abordados no decorrer desse trabalho são os fios que comporão a trama dessa rede – da nossa rede. A cor de cada fio? Cada um de nós, educadores e educandos, é que vai escolher. O meu desejo é que a nossa trama seja bem colorida, não excluindo qualquer cor, e que seja grande suficiente para cobrir esse mundo e transformá-lo.

Para os meus leitores e leitoras, deixo de presente um belíssimo texto de Paulo Freire (2000, p. 67):

> Não é possível refazer este país, democratizá-lo, humanizá-lo, torná-lo sério, com adolescente brincando de matar gente, ofendendo a vida, destruindo o sonho, inviabilizando o amor. Se a educação sozinha não transforma a sociedade, sem ela também pouco a sociedade muda. Se a nossa opção é progressista, se estamos a favor da vida e não da morte, da equidade e não da injustiça, do direito e não do arbítrio, da convivência com o diferente e não de sua negação, não temos outro caminho senão viver plenamente a nossa opção. Encará-la, diminuindo assim a distância entre o que dizemos e o que fazemos. Desrespeitando os fracos, enganando os incautos, ofendendo a vida, explorando os outros, discriminando o índio, o negro, a mulher não estarei ajudando meus filhos a ser sérios, justos e amorosos da vida e dos outros.

Glossário*

Behaviorista – corrente da psicologia baseada na teoria comportamental, que considera o comportamento do indivíduo capaz de ser observável, mensurável e controlado. O homem é o produto do meio.

Bem-estar social – termo utilizado para definir uma organização econômica e política que coloca o Estado como protetor, defensor da assistência dos serviços públicos reconhecidos como direitos sociais.

Competências – termo polissêmico, importado do mundo do trabalho para a educação, indicando conhecimento e habilidades de uso prático para atender a um objetivo pré- determinado, no caso, as exigências do mercado de trabalho. Nesse sentido, opõe-se à ideia de uma formação omnilateral do sujeito.

Démodé – termo em francês que significa *fora da moda*.

Estado Novo – período ditatorial do governo de Getúlio Vargas, entre 1937 e 1945.

Insumos – todos os elementos, como capital, máquinas, trabalho, ou matéria-prima, que fazem parte de um processo de produção de mercadorias ou serviços.

Laico – sem vínculo religioso.

Laissez-faire – termo em francês que significa "deixar

* Este glossário foi desenvolvido com base no conhecimento da autora e nas obras aqui referenciadas.

fazer". Expressão vinculada à economia que objetiva a liberdade de comercialização e produção de mercadorias, com liberdade para o mercado agir sem a intervenção do Estado.

Neoliberalismo – é o termo vinculado a uma prática política e econômica que visa à participação livre das empresas privadas no mercado. Propõe a mínima intervenção do Estado na economia – o "Estado Mínimo".

Noviciado – pessoa que está em preparação (aprendizagem, estudos, provas etc.) para seguir a vida religiosa.

Omnilateral – formação omnilateral é a formação integral do sujeito em todos os seus aspectos: social, cultural, político, técnico, físico e mental. Termo geralmente utilizado em oposição à ideia de uma formação meramente técnica ou formação compartimentada do sujeito.

Positivismo – "O positivismo nasceu como legítimo descente da filosofia do Iluminismo, ou seja, um movimento intelectual que priorizou a razão e a ciência para explicar o universo" (Löwy, 1998).

Populismo – "política fundamentada no aliciamento das classes sociais de menor poder aquisitivo; pretende representar os interesses do cidadão comum" (Cotrim, 2002, p. 492).

Práxis – uma relação dialética entre teoria e prática com vistas a transformar a realidade.

Proselitismo – convencimento de uma ou mais pessoas para uma determinada causa.

Tecnicista – a corrente tecnicista da educação está vinculada ao sistema econômico, propondo uma adequação da proposta pedagógica a partir de normas e técnicas, com vistas a atender com mão de obra qualificada às demandas do mercado de trabalho.

Visão emancipadora – é o processo de liberdade e autonomia que o indivíduo conquista a partir da sua intervenção na sociedade, reconhecendo que qualquer processo de mudança societário só se efetivará se for realizado coletivamente.

Referências

ADORNO, T. W. Educação e emancipação. Rio de Janeiro: Paz e Terra, 1995.

ALIGHIERI, D. Divina Commedia: Inferno. Firenze: [s.n.], [13--].

ALMEIDA, M. I. Apontamentos a respeito da formação de professores. In: BARBOSA, R. L. L. (Org.). Formação de educadores: artes e técnicas – ciências e políticas. São Paulo: Ed. da Unesp, 2006. p. 177-188.

ARANHA, M. L. A. História da educação. 2. ed. São Paulo: Moderna, 1996.

BAUMAN, Z. Vida líquida. Rio de Janeiro: J. Zahar, 2007.

BELLO, J. L. P. Educação no Brasil: a história das rupturas. 2001. Disponível em: <http://www.pedagogiaemfoco.pro.br/heb14.htm>. Acesso em: 18 fev. 2010.

BIANCHETTI, R. G. Modelo neoliberal e políticas educacionais. 3. ed. São Paulo: Cortez, 2001.

BRANDÃO, C. R. O que é educação. 6. ed. São Paulo: Brasiliense, 1982.

BRASIL. Constituição (1824). Coleção das Leis do Império do Brasil, Poder Executivo, Rio de Janeiro, 22 abr. 1824. Disponível em: <http://www.planalto.gov.br/ccivil_03/Constituicao/Constituiçao24.htm>. Acesso em: 25 mar. 2010.

BRASIL. Constituição (1934). Diário Oficial [da] República dos Estados Unidos do Brasil, Poder Legislativo, Rio de Janeiro, 16 jul. 1934. Disponível em: <http://www.planalto.gov.br/ccivil_03/Constituicao/Constituiçao34.htm>. Acesso em: 25 jan. 2010.

_____. Constituição (1937). Diário Oficial [da] República dos Estados Unidos do Brasil, Poder Legislativo, Rio de Janeiro, 10 nov. 1937. Disponível em: <http://www.planalto.gov.br/ccivil_03/Constituicao/Constituiçao37.htm>. Acesso em: 25 jan. 2010.

_____. Constituição (1946). Diário Oficial [da] República dos Estados Unidos do Brasil, Poder Legislativo, Rio de Janeiro, 19 set. 1946. Disponível em: <http://www.planalto.gov.br/ccivil_03/Constituicao/Constituiçao46.htm>. Acesso em: 25 jan. 2010.

_____. Constituição (1988). Diário Oficial da União, Poder Legislativo, Brasília, DF, 5 out. 1988. Disponível em: <http://www.planalto.gov.br/ccivil_03/Constituicao/Constituiçao.htm>. Acesso em: 25 jan. 2010.

_____. Decreto n. 981, de 8 de novembro de 1890. Palácio do Governo Provisório, Poder Executivo, Rio de Janeiro, 8 nov. 1890. Disponível em: <http://www6.senado.gov.br/legislacao/ListaPublicacoes.action?id=65346>. Acesso em: 26 jan. 2010.

_____. Decreto n. 11.530, de 18 de março de 1915. Coleção de Leis do Brasil, Poder Executivo, Rio de Janeiro, 31 dez. 1915. Disponível em: <http://www6.senado.gov.br/legislacao/ListaPublicacoes.action?id=52597>. Acesso em: 26 jan. 2010.

_____. Lei n. 4.024, de 20 de dezembro de 1961. Diário Oficial [da] União, Poder Legislativo, Brasília, DF, 21 dez. 1961. Disponível em: <http://www.planalto.gov.br/ccivil_03/Leis/L4024.htm.> Acesso em: jan. de 2010.

_____. Lei n. 5.692, de 11 de agosto de 1971. Diário Oficial [da] União, Poder Legislativo, Brasília, DF, 12 ago. 1971. Disponível em: <http://www.planalto.gov.br/ccivil_03/Leis/L5692.htm>. Acesso em: 17 fev. 2010.

_____. Lei n. 9.394, de 20 de dezembro de 1996. Diário Oficial [da] União, Poder Legislativo, Brasília, DF, 23 dez. 1996. Disponível em: <http://www.planalto.gov.br/ccivil_03/Leis/L9394.htm>. Acesso em: 7 maio 2006.

BRECHT, B. Antologia poética. Rio de Janeiro: Elo, 1982.

CAMPOS, R. F. O cenário da formação de professores no Brasil: analisando os impactos da reforma da formação de professores (versão preliminar). 2004. Disponível em: <http://www.mover.ufsc.br/pedagogia/Textos/Roselane.htm>. Acesso em: 25 jan. 2010.

CATANI, A.; OLIVEIRA, J. F.; DOURADO, L. F. Política educacional, mudanças no mundo do trabalho e reforma curricular dos cursos de graduação. Educação & Sociedade, Campinas, v. 22, n. 75, ago. 2001. Disponível em: <http://www.scielo.br/pdf/es/v22n75/22n75a06.pdf>. Acesso em: 25 jan. 2010.

CINTERFOR – CENTRO INTERAMERICANO PARA EL DESARROLLO DEL CONOCIMIENTO EN LA FORMACIÓN PROFESIONAL. Principales indicadores socioeconómicos de Brasil. Disponível em: <http://www.cinterfor.org.uy/public/spanish/region/ampro/cinterfor/ifp/senai/index.htm>. Acesso em: 26 jan. 2010.

CONTRERAS, J. Autonomia de professores. São Paulo: Cortez, 2002.

CORAGGIO, J. L. Propostas do Banco Mundial para educação: sentido oculto ou problemas de concepção? In: DE TOMMASI, L.; WARDE, M. J.; HADDAD, S. (Org.). O Banco Mundial e as políticas educacionais. 3. ed. São Paulo: Cortez, 2000, p. 75-121.

COTRIM, G. História global: Brasil e geral. 6. ed. São Paulo: Saraiva, 2002.

COUTO, A. C. R. Formação e atuação de professores em educação de jovens e adultos: por uma nova práxis. 2007. Dissertação (Mestrado em educação) – Universidade Estácio de Sá, Rio de Janeiro, 2007.

COUTO, A. C. R.; BOMFIM, A. O permanente amadorismo em EJA: a experiência da formação de educadores em educação de jovens e adultos no município do Rio de Janeiro. Rio de Janeiro, 2008. Trabalho aprovado para a 31ª Reunião Anual da ANPED. Mimeografado.

DE TOMMASI, L. Financiamentos do Banco Mundial no setor educacional brasileiro: os projetos em fase de implantação. In: DE TOMMASI, L.; WARDE, M. J.; HADDAD, S. (Org.). O Banco Mundial e as políticas educacionais. 3. ed. São Paulo: Cortez, 2000. p. 195- 226.

DE TOMMASI, L.; WARDE, M. J.; HADDAD, S. (Org.). O Banco Mundial e as políticas educacionais. 3. ed. São Paulo: Cortez, 2000.

DELUIZ, N. A globalização econômica e os desafios à educação profissional. Boletim técnico do SENAC, Rio de Janeiro, v. 22, n. 2, p. 15-21, maio/ago. 1996.

_____. O modelo das competências profissionais no mundo do trabalho e na educação: implicações para o currículo. Boletim técnico do SENAC, Rio de Janeiro, v. 27, n. 3, p. 73-79, set./dez. 2001.

DOURADO, L. F. A reforma do Estado e as políticas de formação de professores nos anos 1990. In: DOURADO, L. F.; PARO, V. Políticas públicas & educação básica. São Paulo: Xamã, 2001.

FAUSTO, B. A Revolução de 1930: historiografia e história. São Paulo: Brasiliense, 1972.

FÁVERO, O.; SEMERARO, G. (Org.). Democracia e construção do público no pensamento educacional brasileiro. Petrópolis: Vozes, 2002.

FERRETTI, C. J. Considerações sobre a apropriação das noções de qualificação profissional pelos estudos a respeito das relações entre trabalho e educação. Educação & Sociedade, Campinas, v. 25, n. 87, p. 401-422, maio/ago. 2004.

FONSECA, M. O financiamento do Banco Mundial à educação brasileira: vinte anos de cooperação internacional. In: DE TOMMASI, L.; WARDE, M. J.; HADDAD, S. (Org.). O Banco Mundial e as políticas educacionais. 3. ed. São Paulo: Cortez, 2000. p. 229-251.

FRAUCHES, C. C.; FAGUNDES, G. M. LBD anotada e comentada: lei nº 9.394, de 20 de dezembro de 1996. Brasília: Instituto Latino-Americano de Planejamento Educacional, 2003.

FREIRE, P. Pedagogia da autonomia: saberes necessário à prática educativa. São Paulo: Paz e Terra, 1996.

_____. Pedagogia da indignação: cartas pedagógicas e outros escritos. São Paulo: Ed. da Unesp, 2000.

FREITAS, H. C. L. A formação de professores no Brasil: 10 anos de embate entre projeto de formação. Educação & Sociedade, Campinas, v. 23, n. 80, p. 136-167, set. 2002.

FREITAS, H. C. L. Novas políticas de formação: da concepção negada à concepção consentida. In: BARBOSA, R. L. L. Trajetórias e perspectivas da formação de educadores. São Paulo: Ed. da Unesp, 2004. p. 89-115.

FREITAS, M. L. de Q. A formação continuada dos professores de jovens e adultos no Brasil. 2008. Disponível em: <http://www.direitodeaprender.com.pt/index.php?option=com_content&task=view&id=61&Itemid=12>. Acesso em: 25 jan. 2010.

FRIGOTTO, G. Educação e a crise do capitalismo real. São Paulo: Cortez, 1995.

_____. Educação e formação humana: ajuste neoconservador e alternativa democrática. In: GENTILI, P.; SILVA, T. T. (Org.). Neoliberalismo, qualidade total e educação: visões críticas. Petrópolis: Cortez, 1999. p. 31-92.

GADOTTI, M. Perspectivas atuais da educação. Porto Alegre: Artmed, 2000.

GALEANO, E. As veias abertas da América Latina. São Paulo: Paz e Terra, 1971.

GENTILI, P. Neoliberalismo e educação: manual do usuário. In: SILVA, T. T.; GENTILI, P. (Org.). Escola S.A.: quem ganha e quem perde no mercado educacional do neoliberalismo. Brasília: Confederação Nacional dos Trabalhadores em Educação, 1996.

_____. A falsificação do consenso: simulacro e imposição na reforma educacional do neoliberalismo. Petrópolis: Vozes, 1998.

GHEDIN, E. A articulação entre estágio-pesquisa na formação do professor-pesquisador e seus fundamentos. In: BARBOSA, R. L. L. (Org.). Formação de educadores: artes e técnicas – ciências e políticas. São Paulo: Ed. da Unesp, 2006. p. 225-246.

GIROUX, H. Os professores como intelectuais: rumo a uma pedagogia crítica de aprendizagem. Porto Alegre: Artes Médicas, 1997.

GIROUX, H.; SIMON, R. Cultura popular e pedagogia crítica: a vida cotidiana como base para o conhecimento curricular. In: MOREIRA, A. F.; SILVA, T. T. (Org.). Currículo, cultura e sociedade. 10. ed. São Paulo: Cortez, 2008. p. 93-124.

GOMES, H. M.; MARINS, H. O. A ação docente na educação profissional. São Paulo: Ed. do Senac, 2004.

HALL, S. *A identidade cultural na pós-modernidade*. 7. ed. Rio Janeiro: DP&A, 2003.

HAMZE, A. *A profissão de ser professor*. Disponível em: <http://www.educador.brasilescola.com/trabalho-docente/professor.htm>. Acesso em: 25 jan. 2010.

HARVEY, A. Z. *A condição pós-moderna*: uma pesquisa sobre as origens da mudança cultural. São Paulo: Loyola, 1992.

KASSAR, M. C. M. Política educacional: perspectivas e proposições para a educação especial. In: CONGRESSO INTERNACIONAL DE EDUCAÇÃO E DESENVOLVIMENTO HUMANO, 1º, 2004, Maringá. *Anais*... Maringá: Ed. da UEM, 2004.

KONDER, L. *O futuro da práxis*: o pensamento de Marx no século XXI. Rio de Janeiro: Paz e Terra, 1992.

KUENZER, A. Z. Competência como práxis: os dilemas da relação entre teoria e prática na educação dos trabalhadores. *Boletim técnico do Senac*, Rio de Janeiro, v. 20, n. 1, jan./ago. 2003. Disponível em: <http://www.senac.br/INFORMATIVO/BTS/303/boltec303g.htm>. Acesso em: 25 jan. 2010.

LOPES, A. C.; MACEDO. E. (Org.). *Currículo*: debates contemporâneos. 2. ed. São Paulo: Cortez, 2005.

LÖWY, M. *As aventuras de Karl Marx contra o Barão de Münchhausen*: marxismo e positivismo na sociologia do conhecimento. 12. ed. São Paulo: Cortez, 1998.

MACHADO, L. Educação básica, empregabilidade e competências. *Trabalho & Educação*, Belo Horizonte, n. 3, p. 15-31, jan./jul. 1998.

MARKET, W. Trabalho e comunicação: reflexões sobre um conceito dialético de competência. *Educação & Sociedade*, Campinas, ano 22, n. 79, ago. 2002.

MEDEIROS, J. *Ideologia autoritária no Brasil (1930-1945)*. Rio de Janeiro: Ed. da FGV, 1978.

MENDONÇA, S. R.; FONTES, V. M. *História do Brasil recente 1964-1992*. 4. ed. São Paulo: Ática, 1996.

MÉSZÁROS, I. *A educação para além do capital*. São Paulo: Boitempo, 2005.

MORAES, C. S. V. O que há de novo na educação profissional no Brasil. Trabalho & Educação, Belo Horizonte, n. 3, jan./jul., 2001.

MORAN, J. M. Todos somos educadores. Disponível em: <http://www.eca.usp.br/prof/moran/educadores.htm>. Acesso em: 26 jan. 2010.

MOREIRA, A. F.; SILVA, T. T. (Org.). Currículo, cultura e sociedade. 10. ed. São Paulo: Cortez, 2008.

MORIN, E. Os sete saberes necessários à educação do futuro. 6. ed. São Paulo: Cortez; Brasília: Unesco, 2002.

NOBRE, M. A teoria crítica. Rio de Janeiro: J. Zahar, 2004.

NOSELLA, P. Qual o compromisso político? Ensaios sobre a educação brasileira pós-ditadura. 2. ed. Bragança Paulista: Edusf, 2002.

NÓVOA, A. O professor pesquisador e reflexivo. Entrevista concedida a TV Brasil. 2001. Disponível em: <http://www.tvebrasil.com.br/salto/entrevistas/antonio_novoa.htm>. Acesso em: 25 jan. 2010.

OLIVEIRA, D. A. Educação básica: gestão do trabalho e da pobreza. Petrópolis: Vozes, 2000.

PAIVA, V. História da educação popular no Brasil: educação popular e educação de adultos. 6. ed. São Paulo: Loyola, 2003.

PATTO, M. H. S. Formação de professores: o lugar das humanidades. In: BARBOSA, R. L. L. (Org.). Trajetórias e perspectivas da formação de educadores. São Paulo: Ed. da Unesp, 2004. p. 61-78.

PERRENOUD, P. Construir as competências desde a escola. Porto Alegre: Artmed, 1999.

PILETTI, N. Fernando de Azevedo. In: FAVERO, M. L. A.; BRITTO, J. M. (Org.). Dicionário de educadores no Brasil: da colônia aos dias atuais. Rio de Janeiro: Ed. da UFRJ; MEC; INEP, 1999.

PIMENTA, S. G. Funções sócio-históricas da formação de professores da 1ª a 4ª série do 1º grau. São Paulo: FDE, 1992. (Série Ideias, n. 3).

PIMENTA, S. G. Professor reflexivo: construindo uma crítica. In: PIMENTA, S. G.; GHEDIN, E. (Org.). Professor reflexivo no Brasil: gênese e crítica de um conceito. 3. ed. São Paulo: Cortez, 2005.

QUINTANA, M. Poesia completa. Rio de Janeiro: Nova Fronteira, 2005.

ROMANELLI, O. de O. História da educação no Brasil (1930/1973). Petrópolis: Vozes, 2009.

SACRISTÁN, J. G.; PÉREZ GÓMEZ, A. I. Compreender e transformar o ensino. 4. ed. Porto Alegre: Artmed, 1998.

SACRISTÁN, J. G.; PÉREZ GÓMEZ, A. I. Tendências investigativas na formação de professores. In: PIMENTA, S. G.; GHEDIN, E. (Org.). Professor reflexivo no Brasil: gênese e crítica de um conceito. 3. ed. São Paulo: Cortez, 2005. p. 329-350.

SALES, S. Avanços e retrocessos: refletindo sobre a educação de jovens e adultos na década de 1990. In: SOUZA, D. B.; FARIA, L. C. M. (Org.). Desafios da educação municipal. Rio de Janeiro: DP&A, 2003. p. 329-350.

SÁNCHES VÁZQUEZ, A. Filosofia da práxis. Buenos Aires: Consejo Latinoamericano de Ciências Sociales, 2007.

SANTOMÉ, J. T. A educação em tempos de neoliberalismo. Porto Alegre: Artmed, 2003.

SANTOS, W. da S. A concepção privatista e excludente da Lei de Diretrizes e Bases da Educação Nacional – LDBEN 4.024/1961: uma análise introdutória. Revista Espaço Acadêmico, ano VII, n. 76, set. 2007. Disponível em: <http://www.espacoacademico.com.br/076/76santos.htm>. Acesso em: 26 jan. 2010.

SAVIANI, D. História das ideias pedagógicas do Brasil. 2. ed. Campinas: Autores Associados, 2008.

SCHÖN, D. La formación de profesionales reflexivos. Barcelona: Paidós, 1992.

SCHWARTZMAN. S. Gustavo Capanema e a educação brasileira: uma interpretação. Revista Brasileira de Estudos Pedagógicos, Brasília, v. 66, n. 153, p. 165-72, maio/ago. 1985. Disponível em: <http://www.schwartzman.org.br/simon/capanema_interpretacao.htm>. Acesso em: 26 jan. 2010.

SILVA, T. T. A nova direita e as transformações na pedagogia da política e na política da pedagogia. In: GENTILI, P. A. A.; SILVA, T. T. (Org.). Neoliberalismo, qualidade total e educação. 8. ed. Petrópolis: Vozes, 1999. p. 9-29.

SINGER, P. Poder, política e educação. Revista Brasileira de Educação, Rio de Janeiro, n. 1, p. 5-15, jan./abr. 1996.

SODRÉ. M. Identidade, cultura e globalização. In: FRIGOTTO, G.; CIAVATTA, M. (Org.). Teoria e educação no labirinto do capital. Petrópolis: Vozes, 2001. p. 145-156.

TEIXEIRA, A. Educação e o mundo moderno. São Paulo: Nacional, 1969.

THULER, M. G. Levar os professores a uma construção activa da mudança. Para uma nova concepção da gestão da inovação. In: THULER, M. G.; PERRENOUD, P. A escola e a mudança: contributos sociológicos. Lisboa: Escolar, 1994. p. 33-59.

TORRES, R. M. Melhorar a qualidade da educação básica? As estratégias do Banco Mundial. In: DE TOMMASI, L.; WARDE, M. J.; HADDAD, S. (Org.). O Banco Mundial e as políticas educacionais. 3. ed. São Paulo: Cortez, 2000, p. 125-186.

VENTURA, J. P. O Planfor e a educação de jovens e adultos trabalhadores: a subalternidade reiterada. 2001. Dissertação (Mestrado em Educação) – Universidade Federal Fluminense, Rio de Janeiro, 2002.

VICENTINO, C.; DORIGO, G. História para o ensino médio: história geral e do Brasil. São Paulo: Scipione, 2001.

VIDAL, D. G.; HILSDORF, M. L. S. (Org.). Brasil 500 anos: tópicos em história da educação. São Paulo: Edusp, 2001.

ZABALA, A. A. Prática educativa: como ensinar. Porto Alegre: Artmed, 1998.

ZANCHETTA JUNIOR, J. Sobre o papel da escola na formação para a cidadania. In: BARBOSA, R. L. L. (Org.). Formação de educadores: artes e técnicas, ciências políticas. São Paulo: Ed. da Unesp, 2006. p. 383-390.

ZARIFIAN, P. Objetivo e competência: por uma nova lógica. São Paulo: Ática, 2001.

ZEICHNER, K. M. A formação reflexiva de professores: ideias e práticas. Lisboa: Educa, 1993.

Bibliografia comentada

DE TOMMASI, L.; WARDE, M. J.; HADDAD, S. (Org.). O Banco Mundial e as políticas educacionais. 3. ed. São Paulo: Cortez, 2000.

Um livro com diferentes artigos de conceituados autores sobre a interferência do Banco Mundial nas políticas educacionais no mundo e no Brasil. Importante referência para uma reflexão crítica sobre a lógica de mercado que tem sido apresentada, principalmente no âmbito das políticas neoliberais, como única alternativa para se alcançar a qualidade de ensino no Brasil.

FÁVERO, M. de L. de A.; BRITTO, J. de M. (Org.). Dicionário de educadores no Brasil: da colônia aos dias atuais. 2. ed. Rio de Janeiro: Ed. da UFRJ; MEC; Inep, 2002.

Um livro que traz a biografia dos principais educadores do país e suas contribuições para o campo educacional.

FREIRE, P. Pedagogia da autonomia: saberes necessários à prática educativa. São Paulo: Paz e Terra, 1996.

Este livro de Paulo Freire coloca o educador como centro de todo o processo educativo e nos ensina como ensinar a partir do ofício de ser professor. Tem uma linguagem acessível e poética e convida os educadores para uma reflexão crítica sobre sua prática docente.

GUTIÉRREZ, F. Educação como práxis política. São Paulo: Summus, 1988.

O livro de Gutiérrez aborda os assuntos educação, estudo, trabalho, teoria e prática, escola e vida, aprendizagem e conhecimento como elementos intrinsecamente interligados, que garantem o compromisso político educativo do professor reflexivo que, consequentemente, promove as mudanças necessárias para o cenário educacional do país.

MÉSZÁROS, I. A educação para além do capital. São Paulo: Boitempo, 2005.

Um livro de um dos principais pensadores marxistas do século XX, propõe o rompimento com a lógica capitalista que invadiu as relações sociais e o cenário educacional mundial, e discute o papel da educação na criação de uma sociedade mais justa e igualitária.

MORIN, E. A cabeça bem feita: repensar a reforma, reformar o pensamento. 9. ed. Rio de Janeiro: Bertrand Brasil, 2004.

É um livro que propicia aos educadores uma reflexão sobre as possibilidades de "reformar" o pensamento para reformar o ensino e vice-versa. A partir dessa reflexão, como sugere o autor, seria possível reformar a educação fragmentada, transformando-a em uma educação integral, em uma formação onmilateral.

PENNAC, D. Diário de escola. Rio de Janeiro: Rocco, 2008.

É um livro que retrata a realidade da escola atual que, segundo o autor, está em crise de identidade. Apresenta um professor que resgata com amorosidade e firmeza seus alunos, já "fadados ao fracasso". Esse professor já foi um dia um desses alunos e foi, ele mesmo, resgatado, trazendo com isso uma visão pessoal e, ao mesmo tempo, abrangente da questão.

Respostas

Capítulo 1

1. b
2. c
3. d
4. a
5. b, c

Questões para reflexão

1. A atual Lei de Diretrizes e Bases da Educação Nacional foi elaborada no contexto de significativas transformaçoes nas relações sociais, políticas e econômicas, em um mundo que priorizava a individualização e havia uma centralização dos organismos internacionais, instaurando no país a política do Estado Mínimo.
2. São muitas as possíveis situações, dependendo do ambiente escolar no qual o leitor estiver inserido. Por exemplo, observa-se mais comumente em escolas particulares alunos sendo tratados como clientes, pais como parceiros e professores

como colaboradores. Existem situações que são comuns a ambos ambientes, como a implementação de mecanismos de gestão e de parâmetros de qualidade empresariais.

Capítulo 2

1. b, d
2. d
3. d
4. b
5. d

Questões para reflexão

1. Espera-se que o leitor apresente suas próprias sugestões, em função de sua percepção pessoal sobre as possibilidades de participação dos vários sujeitos que atuam no mundo escolar (alunos, professores, direção, funcionários, pais, enfim, a comunidade escolar) no direcionamento, por exemplo, das atividades pedagógicas e das práticas educativas do cotidiano.
2. Espera-se uma discussão ampla que leve em conta não apenas o conteúdo programático, mas também os demais saberes, o saber ser e saber agir, e como esses fatores estão interligados não somente ao conhecimento acadêmico, mas também ao universo cultural da comunidade escolar. Uma discussão que abarque a identidade dos sujeitos envolvidos no processo educativo.

Capítulo 3

1. a, c, d
2. c
3. a
4. c
5. c

Questões para reflexão

1. Espera-se uma discussão, a partir de pelo menos quatro sugestões objetivas, da necessidade da avaliação diária da prática educativa do professor na sala de aula e nos demais espaços escolares.
2. Esperam-se propostas que levem em consideração o professor como elemento fundamental do processo educativo, reconhecendo-o ainda como um sujeito da aprendizagem que traz sua própria identidade para o universo escolar.

Sobre a autora

Ana Cristina Ribeiro Couto, natural do Rio de Janeiro, atua como professora na educação básica desde 1986. É formada em Pedagogia pela Universidade Estácio de Sá, no Rio de Janeiro, com habilitações em Magistério do Pré-Escolar à 4a série e em Pedagogia na Escola e na Empresa e Administração Escolar, e mestre em Educação, também pela Universidade Estácio de Sá, na qual defendeu sua dissertação em 2007 sobre formação de professores. Atualmente, é docente do ensino fundamental I em uma escola particular e professora concursada do município do Rio de Janeiro, onde atua no Programa de Educação de Jovens e Adultos – Peja. Após o mestrado, continua atuando em pesquisa sobre a educação, submetendo trabalhos para congressos da área e participando do grupo de pesquisa "Múltiplos contextos de produção curricular: conexões, conflitos e ações da multieducação no cotidiano escolar", da Universidade do Estado do Rio de Janeiro – UERJ.

Impressão: MAXIGRAFICA
Outubro/2013